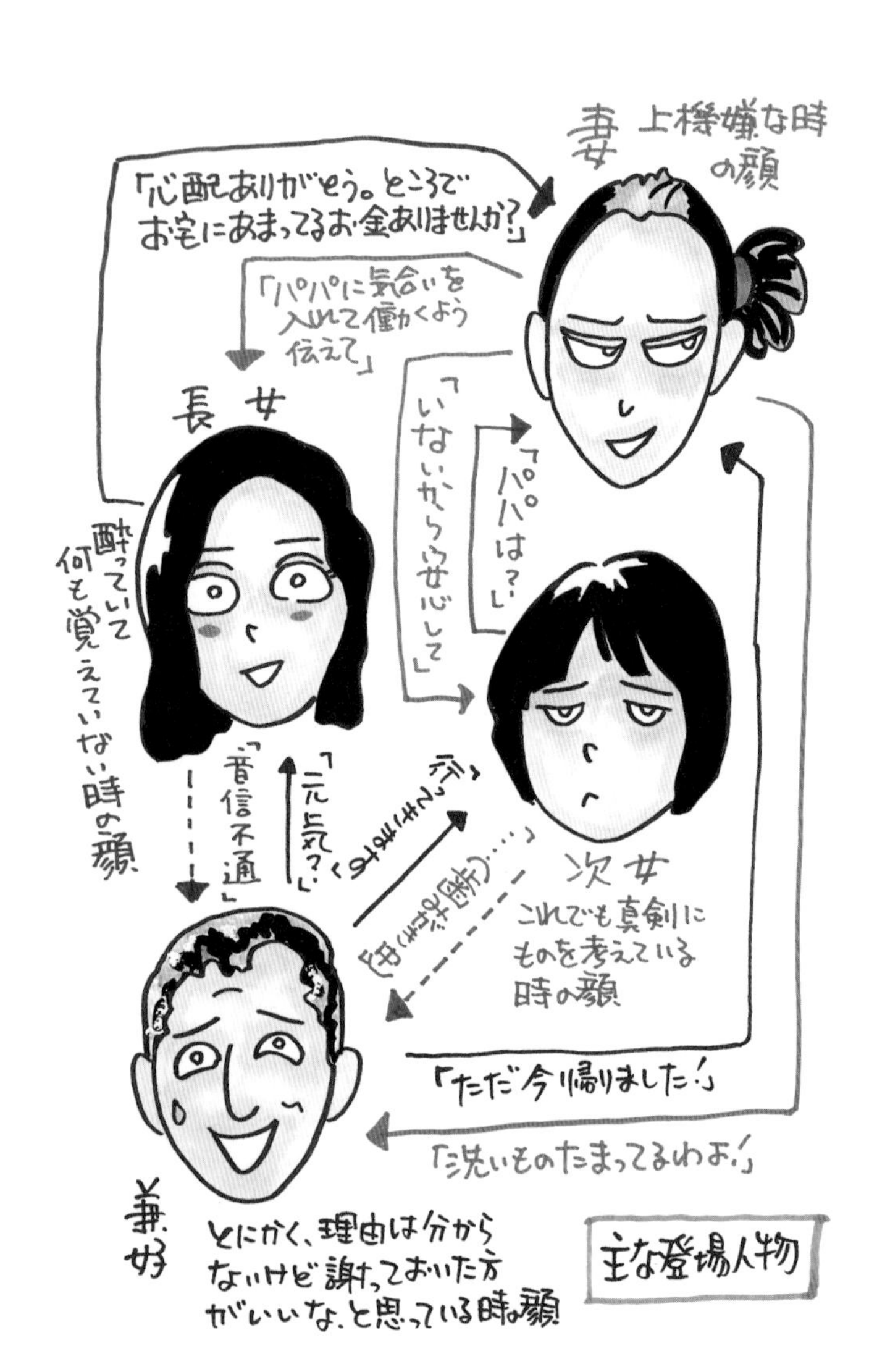

妻 上機嫌な時の顔
「心配ありがとう。ところでお宅にあまってるお金ありませんか？」
「パパに気合いを入れて働くよう伝えて」
長女
「いないから安心して」
「パパは？」
酔っていて何も覚えていない時の顔
「音信不通」
「元気？」
行ってきます
断固拒否……
次女
これでも真剣にものを考えている時の顔
「ただ今帰りました！」
「洗いものたまってるわよ！」
筆者
とにかく、理由は分からないけど謝っておいた方がいいな、と思っている時の顔
主な登場人物

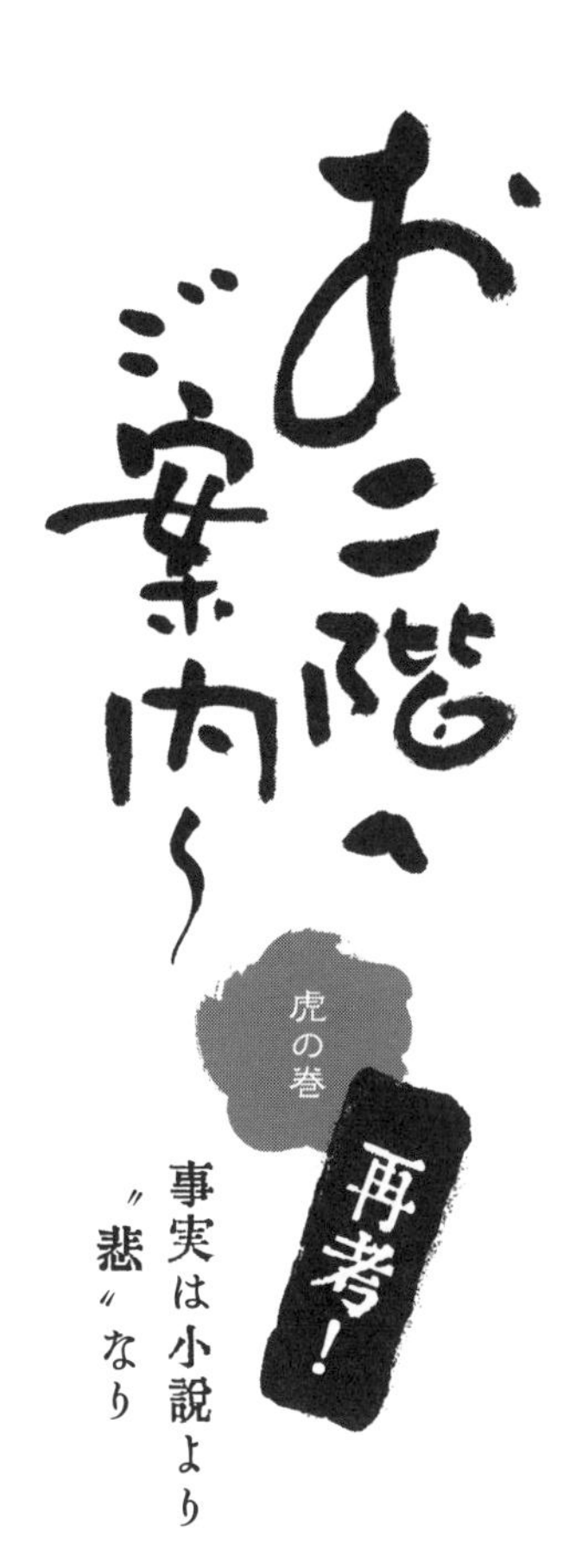

三遊亭兼好

はじめに

『お二階へご案内～』の第二弾を出すにあたって編集者から「兼好師匠を司会に、奥さまとお二人のお嬢さんによる座談会を開いていただけませんか？」という打診があった。真ん中高めのストレートを打ち返す大谷の打球より早く断った。なぜか。シミュレーションしてみよう。

司会　兼好（以下、**兼**）
「では『お二階へご案内～』第二弾が出版されるということでまずは率直な感想を一言ずつ」

妻（以下漢字と特性が似てるので、**毒**）
「迷惑、の一言じゃない？　私が喜ぶとでも思う？　どうよ」

長女（以下飲んでばかりいる人なので、**酒**）
「一冊目でママに対する復讐は済んでると思うのよね。二冊目はいらないんじゃない？」

次女（以下ストレスをマラソンで発散してる女なので、**走**）
「でも、ママに関してはほとんど事実だから仕方ないよね～。私のところだけ削って」

酒「あんたのところも事実じゃん」
走「でも私には未来があるじゃん」
毒「私に未来がないみたいな言い方やめて」
酒「だいたい家族犠牲にして笑いを取ろうっていうのがダメよね、
飲まないとやってられない」
走「そうやってすぐ飲む」
毒「お母さんなんかこの座談会飽きてきた」
走「早っ！ 相変わらず飽きんの早っ！」
酒「ママ、始まったばかりだって！ アハ、アハ、アハハハ」
走「酔うの早っ！」
毒「寝るね」
走「もう寝んの!?」
酒「アハハハ、アハハハ」
兼「…以上座談会でした」。

ああ、座談会をやめて本当に良かった。
では『お二階へご案内～』第二弾！
お楽しみ下さい。

目次

お二階へご案内
〜虎の巻 再考! 事実は小説より"悲"なり

本書は月刊演芸専門誌『東京かわら版』の連載50回分（連載中）を掲載順に、修正や補足などを追加し、まとめたものです。

カラー・本文内イラスト＝三遊亭兼好

2017

小さい幸せ

私は背が低いが、それで不便を感じたことがない。確かに、身長が足りなくて友達と一緒にジェットコースターに乗れず淋しい思いをしたり、中学校の卒業写真を妻に見せたら、「へェ、会津って七五三の時学生服着るんだね」と言われて悲しくなったり、「あのぅ…私って…自分より背の低い人に興味とかないんですよねェ…」と振られて口惜しい思いをしてきた。でもその都度、「ジェットコースター、故障しろ！」と心の中で叫んだり、「お前の成人式の写真だってなまはげと思いました」と口の中でモゴモゴ呟いたり、「あの女と付き合わなくて良かった、あの女はバカだった、あの女はバカだった…」と念仏のように一晩中くり返すことで乗り切ってきた。

机の下にもぐり込んで消しゴムを拾う、色々な師匠から着物をもらう、嫌な師匠の視界か

大きく見えましても
半分は
雪で
ございます
「半分垢」より

ら身を隠す、など、小さい男の利点は多い。ただ、一日だけでいいから「背の高い男」も経験してみたい気がする。

「それは無理よ」と妻が言う。妻は私の空想を打ち破るのが早い。「今さらたくさん食べてもねェ」と冷蔵庫を開ける。と、「ギャッー」と叫んで、妻が冷蔵庫からマグカップを取り出した。

「どうした!?」

「見て！きくらげ、水もどししておいたの3日忘れて、ほら、こんなに大きくなった！」

見るときくらげが、マグカップの中で化け物のように大きくなっている。

「そうか、あなたも3日間、お風呂でもどしてみれば？大きくなるかもよ。ガハハハッ…」

妻よ、それ土左ェ門だよ。

小さいままで、私は幸せである。

（2017年11月号）

おだやかな一年…

妻にそれは間違ってるよと忠告するなど、大きな成果を挙げることが出来なかった。反面、新たな戦争をはじめる、森林を伐採する、妻に反対意見を述べるなどの決定的な失敗もなかった。要するに、可もなく不可もない、おだやかな一年だったと言える。

今年も残りあとわずかだ。

振り返ってみると、地球上から戦争をなくさせる、地球温暖化をくい止める、妻にそれは

勿論、小さな失敗はいくつかあった。

「妻が気まぐれに買ったアマリリスとマーガレット・イチゴミルクを枯らしてしまった」

「首に巻ける湯タンポを、絶対に気持ちがいいと力説して買ってもらったのに、お湯を入れたら重くて首に巻けず妻に怒られた」

女房がよろしく言ってました
「熊の皮」より

「なくしたサイフが見つかったと喜んだ翌日に小銭入れをなくして怒られた」

などが主なしくじりの例である。

しかし、「元々買ってきた球根に力がなかったのよ、球根のくせに根性がないってどういうこと？　根の力がない根なんてダメよ」

と、矛先が球根に向かって助かったり、

「へへ、でも、この長細い湯タンポ、電気ナマズみたいで可愛いわね」

と、変に気に入ってくれたり、

「今考えてるのよ。腕とか太ももとかに直接チャックつけて、体自体がサイフになる方法」

と、恐ろしい発明に情熱をもやしてくれたお陰で致命的なダメージを受ける程は怒られなかった。

「でもさ、この連載はっきり言って私のお陰で続いてるのよね。私の言ったことをしたこと大袈裟に書いてるだけでしょう？　もし私がおしとやかないい妻だったらどうしたの？」

――そんな妻を一度でいいから文章にしたい。


（2017年12月号）

2018

黄金期突入？

落語家が、落語家として最も人間的に成長し、技術的にも腕があがり、充実した生活が送れるのはいつ頃なのか。私が想うに還暦を迎えるまでの十二年間だと見た。つまり四度目の歳男を迎えたあたりから、黄金期がはじまるのである。

偶然にも、今年が私にとって、四度目の「歳男年」である。よし、今まで以上に芸道に精進しよう、そう決心した矢先、思わぬ敵が現れた。「五十肩」である。「五十肩」。経験した方は「そう、大変だよね、つらいね」と同情してくれる反面、経験したことのない方は「大袈裟に何言ってるの？」と小馬鹿にする病気である。

言っておくが、すごく痛いんだぞ！ 骨から肉を剝がされるような、骨ごと曲げられるような、万力で腕をはさんで妻が笑いながらネジを巻くくらい痛いんだぞ！ 痛くて不機嫌

あいつはボーっとしてますが
腕は確かなんで…
今年もよろしく…

になる、集中力は落ちる、よく眠れず思考力はなくなる、はっきり言って落語なんかしている場合じゃありません。「五十肩」という名前が悪い。痛み、辛さ、口惜しさ、そういうものが伝わらない。「腕・肩激痛症候群」とか「地獄肩」とか「恐妻腕」とか名付けるべきである。ああ、せっかくの黄金期のスタートを「五十肩」で棒に振るとは。

「本当、大変そうね。大丈夫？」

めずらしく妻が心配している。そうして何か考え事をしている。痛みをやわらげる方法でも考えているのか？　妻の顔がパッと明るくなる。「出来た！」「何が？」「川柳。ずっと考えてたの。——噺家の　腕上がるころ　五十肩。どう？」

あけましておめでとう。今年も色々な意味で、痛みに耐える一年になりそうです。

（2018年1月号）

焼酎、飲んでまーす

焼酎を飲んでいる。

会津生まれの私としては、酒はやはり日本酒であり、日本酒を飲むのが義務だと思っていた。しかし、日本酒にはいくつかの欠点がある。腰を据えて飲まないと飲んだ気がしないので時間に余裕のある時でないと飲めない。飲みはじめて三杯目辺りから不思議と飲むスピードがあがる、飲みすぎたかなと思った時にはもう止まらない、などである。

焼酎を飲んで、いる。

さらに日本酒のいけないところは、翌日まで尾を引く点にある。いわゆる二日酔いだ。お腹の調子も崩しがちになるし。最近は体力が落ちたのか、二日酔いが三日酔いくらいに長引いている。

私はジャキッとしてますよ…
「親子酒」より

焼酎、を、のんで、る。

二日酔いがひどくて、お腹をこわしやすい人は焼酎がいいよ、と誰かが言った。誰だったかは今思い出せない。そこで、試しに焼酎お湯割りなるものを飲んでみた。――悪くない。不味いものだという先入観があったが、まろやかで美味だ。しかも、翌日頭が痛くなることも、ないし、お腹も、腸だけにチョーシいい、なんちゃって、ハハ。

焼酎、のんでまーす。

焼酎いいね。日本酒の時は、途中から止まらなくなって、今何杯のんだか忘れちゃうけど、焼酎はしっかりして、られるもん。

焼酎……これ何杯目？

日本酒の時は、ほら、せっかくいい話しても、翌日何も覚えてないでしょう？　だから進歩しないんだよね。ひどい時はさっき言ったこと忘れちゃうもんね。え？　その話さっきしてた？　ああそう。ところで、あなた誰？

――焼酎、おかわり！

（2018年2月号）

エレベーター

夜中、仕事を終えて、自宅のマンションに辿りついて驚いた。「エレベーターは使えません」としてある。念のためボタンを押してみるとカチッという音がするだけでポンでもなければチンでもない。

知らなかったのではない。回覧板に書いてあった。○日から×日まで新しいエレベーターに替える工事をしますので使用できません。「へえ、そう。じゃあ毎日5階まで昇り降り大変だな」そう妻に言ったのを覚えている。「私、その間ひきこもりになるわ。自信あるし」何の自信だよ、と思ったのも思い出した。

なのに、忘れていた。重い荷物を持って階段の下に立ち尽くす。くそっ、前座を別行動にしなければ良かった。いつもの通り家までついて来てもらえば運んでもらえたのに。ああ、

前の店
同様
ぞろぞろ
っと
ご利益
を…
正一位
正一位稲荷
「ぞろぞろ」より

着物も二組持って行かず、一組にすれば良かった。どうせ大した噺はしなかったのに。くう、楽屋に置いてあったペットボトルの水を欲張って2本もバッグに入れなければ。

　体力が落ちて、5階まで階段で昇るのはつらい。しかも、着物に下駄履き、厚手の着物用コートも着ている。足が上がらない。冷たい風が吹いている。外階段の手すりは冷たい。左手に小物の入ったバッグ。頼りの右腕は五十肩の後遺症で充分力が入らない。大き目のキャリーバッグを引きずり上げ、引きずり上げ、夢中で昇る。転がせないキャリーバッグほど重いものはない。いったい何の罰なのか。ああ神様、私を助けて下さい。さもなくば、同じ苦しみを妻にも与えてやって下さい。

　気が付けば、眼下に駐車場が小さく見える。5階に着いたのか？と見れば、6階だった。ああ、神様、こんなサービスはいりません！


（2018年3月号）

止めたわけじゃない

71

皆さんに申し訳ない気持ちでいっぱいだ。この誌面では勿論、楽屋、居酒屋、道端などあらゆる場所で「ラジオ体操」の素晴らしさを説き、皆に勧めてきた私が、実は数ヶ月前から「ラジオ体操」をやってなかったのだ。

女房に「早起きして活動する優秀な夫」として、落語関係者に「自己管理の出来る信頼感あふれる芸人」として「ラジオ体操」を利用してきたのに。これまでも、二、三日やらない日が続いたことはあった。寝坊した、二日酔いだった、三日酔いだった、などの理由だ。

しかし、何日か後には復活していた。それが数ヶ月前から復活することなく、ただタイマーで流れるラジオ体操の歌とかけ声を布団の中でうつろに聞くばかりである。

なぜ兼好は「ラジオ体操」をやらなくなったのか。

山車の人形が
車仕掛けで
動き出す…

①眠い。
↓体力が落ちたのか、眠りが浅く、朝方急に熟睡するようになった。
②体操をする度に、ねんざ、五十肩、首の痛みなど負傷するようになった。
↓曲がればボキッ！伸ばせばブチッ！回せばバリバリボキボキ音がするんです。
③ラジオ体操のスピードについていけなくなった。
↓やった方は分かると思うが、ラジオ体操はかなり高速の体操だ。ちゃんと体を曲げたり回したりすれば音楽についていけないし、無理に音楽に合わせればあやつり人形を忙しく動かしているようになる。
でもすっかりあきらめた訳ではない。「好きな時間に出来るよう朝6時から夜9時まで30分おきに流す」「痛めないようあまり動かない体操にする」「90歳の方でも出来る超低速バージョンにする」などの条件が整えば、いつでも復活するつもりである。

（2018年4月号）

72 思わぬ弱点

どの動物よりも噛む力が強いワニに、口を開ける力は人間よりも弱い、という意外な弱点があるように、獰猛な妻にも意外な弱点がある。

その性格とは裏腹に、高山植物のような繊細さがあって、環境の変化に非常に弱いのだ。

ソファーの位置が変わる、机の場所が移動している、カーテンの色が違う、などとなると小学生に追いかけられるハムスターのような不安な顔になる。宅配便の配達人がいつもと別の人になったりするのも嫌いだ。よく観るサスペンスもののテレビドラマに新メンバーが加わっただけで機嫌が悪い。まして「相棒」の相棒が変わったりすると一ヶ月くらい不安そうである。

「ねェ、どうしよう」

はるーか
南に
あたる
高尾
山…
「ガマの油」より
言うことと
いつもと
違ってるよ…

ある日、洪水の予言を聞かされたノアのような顔で、妻が立っている。

「どうしたの？」

「生協の配達日が変わる。どうしよう」

発泡スチロールの箱に注文票を入れて、家の前に出しておくと、前の週に頼んだ一週間分の食料を置いて、注文票の箱を持っていってくれるシステムだ。その配達日が月曜日から木曜日に変わるという。

「ダメ。だって二十年も月曜日だったのよ。それが木曜日になるなんて耐えられない。なぜ変える必要があるの？　第一私に一言の相談もないっておかしくない？　絶対私ダメ、注文票出し忘れると思う。あなたニヤニヤ笑ってるけど、注文出来ないと一週間分の食料届かないのよ。あなたが食べられないのよ！　何とかして。ところで今日何曜日なの！」

お願いです、生協の方、曜日を変えないで下さい。


（２０１８年５月号）

あとは任せた

仕事を終えて、早めに帰宅すると、リビングから激しい銃撃戦の音がしてくることがある。知らない人は何か事件が起きたのかしら、奥さんは大丈夫かしら、と思うだろうし、知ってる人なら、奥さんはなぜ銃なんか使ったのかしら、よほど機嫌が悪かったのね、と考えるだろう。

しかし、そんな物騒な話ではない。

妻が一人で映画を観ているのだ。ソファーの下に腰を下ろし、年老いたマフィアの奥さんのような顔で画面を睨んでいるか、ヨガと反復横跳びと乗馬を合わせたような、奇妙な体操をしながら観ていることが多い。

「おかえり」

このはなし
最後まで
聞きたい？
「真田小僧」より

テレビから目を離さずに妻が言う。この短い「おかえり」の中に、「今テレビ観てるから静かにしてて。何か用があるならコマーシャルに入ってからにして。ごはん食べてないならいつものところに入ってるから自分で支度して」という意味を込めて伝えるのだから、妻の話術は素晴らしい。

コマーシャルになってから、ここまでのあらすじを訊く。すると、こいつもあいつも悪者で、彼女は顔がきれいなのだけど演技が下手で、主人公はカッコイイから頑張ってもらいたい、という主観的なあらすじが返ってくる。

自分で支度したごはんを食べながら一緒に続きを観ていると、銃撃戦の途中で、妻が突然テレビを切る。「え? 最後まで観ないの? 一時間四十分も観て」「うん。あとはあの人たち、なんとかするでしょう。おやすみ……」

すごい。すごすぎる。あとは何とかするって……。ラストが気にならないのか? 落語のオチを聞かずに帰る客のような妻である。

(2018年6月号)

漏らしてしまう

近頃、お漏らしをするようになった。

と言ってもシモの話ではない。独り言が漏れるのだ。年齢的に口元に締まりがなくなったのか、「これは独り言だから声だしちゃいけないよ」という機能が衰えたのか。とにかく、気が付くと独り言が漏れている。

以前から動物相手にはよく喋っていた。

近所の飼い犬の頭を撫でては「首輪で繋がれてるの辛くない？ 逃がしてあげようか。」とか、野良猫が塀の上にいると「問題、あなたが座っているその塀は高橋さんのお宅のものでしょうか、桜病院のものでしょうか？」などと語りかけてきた。この時、声が漏れる。誰かに聞かれると恥ずかしいが、それでも相手が生き物だとそれほど奇異な目では見られない。

早い
話がたった
二人…
へへ…今のは
手前どもの
内緒話で…
菊屋
宿屋の仇討より

しかし、近頃植物相手に、声が漏れてしまうのだ。

先日も家の前の公園で、ケヤキの木を叩きながら「お前おおきいなぁ、まだ伸びてるみたいだな、俺は高校で止まったよ」と、心の中で語りかけてたつもりが、漏れていた。散歩をしていたおば様が明らかに「キモッ」という顔で通りすぎる。

バス停近くのツツジの根元にゴミが捨てられていた。「可哀想に…足元にゴミを捨てられるお前と、ゴミ捨ててきなさい！ と命令される僕と、どっちが可哀想だろうね」

バスを待っていたお婆さんの同情した目が忘れられない。きっと、漏れていたんだ。

着物姿で植物相手に、声を漏らしている男がいたら、それが私である。


（2018年7月号）

ベストセラー その二

75

出版業界は、思っていたよりも不況らしい。紙の本がまるで売れないのだ。話には聞いていたが、自分が本を出すまでは実感がなかった。

最近、このコーナーを纏めた本を出版したが売れ行きが良くない。出版に詳しい方によると、発売日当日に20万部くらい売れないと、とても100万部のベストセラーは望めないそうだ。今のところ推定214冊（発売より一ヶ月半。内訳＝お客様お買い上げ190冊。内母親50冊、親類7冊、本人50冊、落語会に来たお客様84冊、『あ、別の人の本と間違えました』というお客様の返品1冊。弟子3冊。かわら版担当の方が持ち運んでいる数20冊。私がどこかの楽屋に忘れてきた1冊）が世に出ているが、ここから100万部に伸ばすのはちょっと難しそうだ。

十万両の金もうけ
持ってきた…
「はてなの茶碗」より

それでも本を読んでくれた人達から、続々と感想が届いている。
「あのジャージ（p.117参照）って私が高校の時使ってたやつよね。やめて。それなりに着こなしているのが余計気持ち悪いから」（長女）
「エッセーって言うけど、奥さんの言動を読んでると横溝正史並みの怖さを感じました」（学生時代からの友人）
「一気に読みました。絵もカワイイですね。絵だけで、文章がなかったらもっと良かったです」（名古屋のお客）
他にも「人には間違いというものがある、気にするな」「次回はゴーストライターに、浅田次郎さんを選んで下さい」などたくさんの励ましの言葉をいただいた。
さあ、まだ買っていない人はすぐ買おう。一人10冊買ってもいいじゃないか。皆で、私をベストセラー作家にしようじゃないか！

（2018年8月号）

ねェ、バカボン

76

それも、近くの公園で誰かが「ねェ、バカボーン」と叫んでいる訳でもなく、テレビの出演者が言っているのでもない。「ピンポーン」というチャイムの音が「バカボン」に聞こえたということでもない。明らかに、私に向かって、私に返事を求めるように「ねェ、バカボン」というのだ。

「ねェ、バカボン」

はじめ空耳かと思った。しかし、確かに、「ねェ、バカボン」という声がする。それも、近くの公園で誰かが「ねェ、バカボーン」と叫んでいる訳でもなく、テレビの出演者が言っているのでもない。「ピンポーン」というチャイムの音が「バカボン」に聞こえたということでもない。明らかに、私に向かって、私に返事を求めるように「ねェ、バカボン」というのだ。

やはり出どころは妻だった。

「今、俺のことバカボンって呼んだ？」

「うん」

「なんで？」

おかめ—！
そこから
ひょっとこ
般若
外道
バカボン…
「厩火事」より

「今度、ディズニーで、『くまのプーさん』のクリストファーくんが大人になった後の物語を映画でやるらしいのよ。いや、もう封切されたのかも」

妻は、『くまのプーさん』の原作が大好きだ。子供達が小さい頃は、よく読み聞かせをしていたものだ。特に、小生意気な発言をする子豚と、乱暴な言動をする時の虎の役が、素に近いのか上手だった。

「ほう、それで？」

「ピーター・ラビットの実写版みたいな奴は原作に失礼だと思うから絶対観ないけど、クリストファーくんが大人になってからの話は面白そうだなと思って」

「……で、それと、俺をバカボンって呼んだのはどんな関係があるの？」

「なんの関係もないわよ。気分ね、気分」

妻よ。気分で夫をバカボンって呼ぶのは止めましょう。たぶん君も知ってるだろうけど名前があるのだから。それこそ原作に失礼だよ。次、何て呼ばれるのか楽しみではあるけど。

（２０１８年９月号）

77 ぼくの願い

ご苦労さん、扇風機くん。

今年の君は大活躍だったね。ぼくのクーラー嫌いのせいで、君は休みなく働いてくれた。

本当にありがとう。君がいなかったら、さすがに今年の真夏と残暑を乗り切ることは出来なかったよ。

でもね、扇風機くん、えこ贔屓はいけないよ。何がって、ぼくが女房と一緒にいると、女房ばかりに風を当てて、ぼくにはちっとも風を送ってくれなかったね。

女房と並んで座っているのに、まるでぼくの方を振り向いてくれない。ねェ、冷たいじゃないか。いや、暑いじゃないか。

勿論、君が悪い訳じゃない、それは分かる。

雨が
あがって
いい風が
入って
くる
ねェ……
夕立ちやみ

せっかく君が首を振って方々に愛想を振りまいているのに、女房が背中のボタンをポチッと押して、君の首振りを止めてしまうんだ。そうして、君の正面にドカッと座り、君を独り占めする。風呂上りは特にそうだ。ドライヤー代わりに髪を乾かしながら、決して君を手放さない。台所に立つから、これで君の風を受けられると思うと、女房は君を台所に拉致していく。無理矢理君の顔をこちらに向け、涼しい風を満喫していると、女房が君とぼくの間に割り込んで風泥棒をする。

そう、悪いのは女房だ。でも面と向かって言えないから君に言うね。女房は扇風機くんがいなくても充分冷たい女なんだよ。

お願いだ。来シーズンはぼくにもっと涼しい風を。そして願わくは、女房に熱風を。

「ねェ、扇風機ただ仕舞わないで、分解して掃除するのよ」

女房の言う通り、君のホコリを払ってビニール袋をかけ、部屋の隅に片づける。

——ぼくと扇風機くんの長い夏が終わった。

（2018年10月号）

カサブランカ

78

長女と次女は仲がいい。お互い一人暮らしをしていて、長女はＯＬ、次女は学生と身分が違うのに、よく会って遊んでいるらしい。旅行や買い物にも二人で出掛けるという情報は妻のところで止まって、私までは届かない。基本的に、妻と娘二人の共通の話題は、三か月ほど経ってから「風の噂」程度のあいまいさで私に伝わるか、妻と娘達が電話で話した言葉の断片や、「あ、これパパには内緒って言ってたんだ」という妻の不用意に発した言葉を継ぎ合わせて、私がポアロ並みに推理する、という形で知ることになる。

だから、娘達が、二人でモロッコに旅行するというのも直前まで知らなかった。

二人が「モロッコをよく知るために」と映画「カサブランカ」のＤＶＤを持ってウチにやってきた。

あこりゃ
これ男の
生き～
面を～～
やめろ、ばか、
名セリフ集
歌ブキ
『七段目』より

あのう、モロッコを舞台にした名作には違いないけど、事前の旅行案内資料としては最悪だよ。

娘達と妻が、菓子をつまみながら観始める。私も皆の分のうどんを茹でながら観る。

名セリフ「信頼できる唯一の人間は君だ。君は俺のことを軽蔑しているからね」ここで三人が私を見る。

名セリフ「昨夜はどこに?」「そんな昔のことは覚えてない」「今夜会える?」「そんな先のことは分からない」ここで長女が「酔ったパパみたい」と言う。

名セリフ「サム、あれを弾いて、『時の過ぎゆくままに』を」ここで次女が「パパ、あれをやって、『時そば』を」と言う。

映画が終わる。ここで妻が「これでモロッコばっちりだね」と言う。私が心の中で呟く。

「君たちの、バカな瞳に、乾杯!」

(2018年11月号)

考える人

尾籠な話だが、通じがいいのは幸せだ。文字通り気分もスッキリするし、昨日までの嫌な出来事（学校寄席で、オチでかんで高校生に冷笑された。妻が面倒がって味噌汁に高野豆腐を大きいまま入れたから、汁を吸って煮物みたいになった。等々）をきれいに水に流せる。

近ごろ、家ではほとんど玄米にしているから、ますます通じがいい。ああ、幸せ。

ところが、旅の仕事が何日か続いたり、外食が多くなると、すぐ便秘気味になる。怖い顔をした体格のいい前座にビシッと小言が言えない時のような気分だ。

ある本で、便秘気味の時は「考える人」のポーズがいい、と知った。あのロダンの彫刻である。なる程、あの形で用を足せばいいのか。

早速、上野の西洋美術館に行って、庭にある「考える人」を観察してきた。

下手の
考え
休むに
似たり
だよ…
王将ないね
ほんとだ
両天なよ
こすこト
いつも
そうだよ
藤井
「浮世床」より

なかなか難しい恰好をしている。思ったより、変な髪型をしているが、そこはお通じとは関係ないから放っておこう。正面から見ると正に便座に腰掛けているようだ。つま先立った両足にグッと力が入っている。左足がやや高めに位置して、当然左ひざが少し高くなる。ここからが難しい。その左ひざに左手を前腕部から力なくだらりとのせる。その同じ左ひざに、なんと右腕を、力こぶを作るようにして突き立て、手首を曲げてあごへパンチをするようにくっつける。よし、分かった。家に戻って便座に座って真似てみる。足をこうして、左手をこうして、右腕に力を入れて……なかなかうまくいかない。このポーズを保つにはかなりの集中力が要る。

結論。「考える人」のポーズは、通じにはいいが、考え事は出来ない。

（2018年12月号）

2019

私、49歳です！

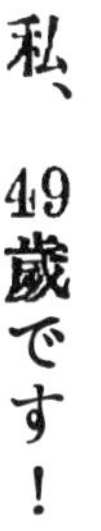

新しい年が始まった。何となく気持ちが晴れやかになり、目に入るものが美しく見え、普段狂暴に思えるイノシシがいとおしく、普段狂暴に振る舞う妻がほんの少しおしとやかになる、それが正月である。

そのおだやかな正月の昼日中、中央線の電車の中で、世の中の不幸を一身に背負ったような顔をして座っている男がいる。私だ。

何故私は不幸そうなのか。

同じ車両に、外国人が何人か乗っている。観光客ではなさそうだ。外国人材、だろうか。私が見かける外国人は、よく年寄りに席を譲る。グッド。それに対して40~50代の男性日本人材が一番優しさに欠けるようだ。滅多に席を譲らない。バッド！

四十五とはお若く見える…
四十だってってんの…
「子ほめ」より
ころ
ころ

三鷹の駅で老婦人が車内に入ってくると、インド系の若い男性が膝に広げたパソコンをさっと閉じ「ドウゾ」と席を空けた。ベリーグッド！

老婦人が「ありがとう」とにこやかに座る。車内に温かい雰囲気が広がる。よく頑なに固辞する人がいるがあれは良くない。譲った人も気まずくなるし、空いた席に「じゃ私が」と座るのも図々しいし、結果「死に席」が出来てしまう。オー・ノー！

そんなことを考えていると、斜め向かいに座っていた、ロシア系だろうか、若い女性が私に「ドウゾ」と、席を譲るではないか！

冗談じゃない、私はそんな年寄りじゃない、誰が座るものか！しかし彼女が天使のような瞳で再び私に座るように促す。車内に「素直に座れよ、着物のおじさん」という空気が流れる。オー・マイ・ガー。親切が痛い。「私、49歳です！」そう叫びたいのをグッと押さえて、私は力なく席に座ったのだった。

（2019年1月号）

捕食だったのか

近ごろ席を譲られることが多い、ということは先月も書いた。あれから、電車に限らずバスや公園のベンチで、外国人青年に限らず、日本の若者、おばさま、明らかに私より年上の初老のご婦人などに席を勧められ続けている（相変わらず中年のサラリーマンは席を立たない）。なぜなのか？

①着物を着ているから。

そうなのだ。着物を着ているとどんな人だって年取って見えるものだ。最近では「着物を着て歩いているのは外国人観光客か年寄り」という固定概念が強すぎる。私を見て、ではなく私の高級な着物を見て席を譲るのだ。

②白髪を染めなくなった。

あの野郎ずいぶん弱ってるなあ……
と〜ふや
さ〜〜〜ん……
「徂徠豆腐」より

去年の春頃から白髪を染めなくなった。以前は、全体に白髪になるのではなく、犬のように所々ぶち状に白髪になっていたので（子供の頃兄とプロレスごっこをしていて脳天をたんすにぶつけた所と友達が剣道の竹刀で後頭部に突きをくらわせた所が特に真っ白になっている）、時々染めていたのだが、全体に白くなってきたから面倒になってやめた。白髪で品があるから年寄りと間違えるのだ。

③マスクをしているから。

喉が弱いのでマスクをすることが多い。憂いを含んだ眉と知的な瞳だけをみれば仙人のように見えるのは仕方がない。

「違うと思う」と妻が言う、「動物って弱ってる個体を見分ける能力ってあるじゃない。人間もそういう能力があって、髪とか着物じゃなくて、あ、こいつ弱い！って分かるんじゃない？だから席譲られるっていうのは捕食される代わりじゃない？良かったね、人間で」

捕食って…。この先私は何度捕食されるのだろう。

（2019年2月号）

82 正しい爪の切り方

湯上がりに爪を切っていると、妻がしたり顔で近づいてくる。

「そうやって、指の形に沿って曲線に爪を切るのって間違ってるわよ。まっすぐ平らに切らなきゃダメ」

「へえ、そうなの？」

と答えたものの、すぐに妻の言葉は信じない。妻は時々間違った情報を流して他人が苦しむのを楽しむ癖があるからだ。

調べてみると、確かにそうらしい。爪を指の形に合わせて切ると「指先を守る」という大事な役目が果たせないそうだ。盾を背中に背負って突進していくような、提灯持ちを後からついてこさせるような、自分より上手な前座を先に喋らすような、そんな悲惨なことになる

そういうことは早く言え!
言わない方が良かった…
「長短」より

らしい。

早く言ってよ！

私は間違ってなかったのだ。あれは小学生の高学年の頃だ。私が大人用の大きな爪切りで爪を切っていると、兄が「指の形に切れないのか?」と言う。父が「本当だ。こいつまっすぐ平らに切ってる」。母が「皆笑わないの、この子不器用なんだから、ハハハ」。

毛並みの美しい小動物のように臆病な私は、そう言われても、何だか指を切りそうで、指に沿って爪を切ることが出来ず「正しく爪を切れない不器用で可哀想な子」として育った。大人になり、指を切るかもという恐怖心を克服して、ようやく丸く爪が切れるようになったのに！ そうしか切れなくなったのに！

「どうして平らに切れないの? あなた不器用ね、ハハハ」。

早く言ってよ。妻の笑い声が、鋭い爪で引っ掻いたように、胸に痛い。

(2019年3月号)

似合わない？

抹茶に小豆、やめてくれませんか？

抹茶が好きだ。正式にお茶をやっている訳ではないが、家でもよく抹茶を飲む。お茶を点てるのは妻だ。

夜食のそうめんや、干し芋を温めるのに使う小型のどんぶりに、市販の抹茶をスプーンにひと匙。そこにやかんの熱湯を注いで、茶筅を構えると乱暴にかきまわす。

裏千家、というより裏社会、といったお流儀だ。それでも、抹茶はうまい。なんと風流なんだろう。

抹茶の菓子もいい。梅味の菓子に次いで好きだ。せんべい、チョコ、アイスなど、色々な種類に使われていて嬉しい。

お流儀
は？などと
きかれる
となァ
困るでなァ…
問答無用
「茶の湯」より

が、抹茶が梅味を追い抜いて「兼好の大好きランキング一位！」になれないのは、小豆、のせいである。

なぜ皆、抹茶に小豆をつけたがるのか？

小豆の、あの小さいくせにモソモソとした大きな存在感が嫌いだ。小豆とすぐに分かるのに「じゃあ小豆ってどんな味？」と聞かれると答えようのない曖昧さも嫌だ。

小豆だけなら、いい。小豆が前面に出て「小豆だな」と確認しながら小豆を食べるのはいい。むしろ好きだ。だが、あの色々なところに忍び込んでいる態度が許せない。

隠れてないで、出てきなさい！

先日も「抹茶スポンジケーキ」を食べていたら、一番底に小豆がびっしり並んでいた。「今日は小豆、入ってないぞ」と喜んでいただけにがっかりだ。

「でも、だから抹茶のうまさが引き立つんじゃない？　抹茶的私と小豆的あなた、みたいに」

——妻よ、百歩譲って君が小豆だよ。

抹茶に小豆、やめて下さい。


（２０１９年４月号）

領土問題

独り暮らしをしていた次女が、就職したのを機に我が家に戻って来た。にわかに「家庭内領土問題」が発生、せっかく手に入れた私の部屋が、再び消滅する危機に陥った。

妻に窮状を訴えると、「我が家には以前からも現在も、領土問題は存在しない」と一蹴された。自分でなんとかせねば。

長女と次女が出て行って、小さな部屋が二つ空いた。妻の部屋に荷物を置き、リビングをウロウロしていた流浪の民であった私は、すぐに小さな部屋Aに移住。小さな部屋Bは「今すぐは使わないけど、捨てられないよね」という、家族全員の想いが詰まったガラクタ置き場になった。

このガラクタ置き場である部屋Bから荷物をなくし、攻め込んでくる次女に明け渡せば、

伊八 一旦借りうければ我が領内 それをさいぜん唐紙を破り汚ない
すぬが……
ねむれん……
「宿屋の仇討ち」より

私の部屋は安泰だ。問題は、すでにいっぱいいっぱいの我が家に、部屋Bの荷物をどう分散するか、だ。

妻の部屋は「水際作戦を強化して、不審な品は一切入国させない」という態度だから、沢山の荷物は運べない。

「昨日まで捨てられなかったものが今日捨てられると思う?」と妻が言うので、私の本を何冊か処分したくらいでは何の効果もなかった。焼石に目薬。

さらに予想外の問題が！　四年間独り暮らしで、次女の荷物は出ていく時の五倍くらいになっていた。巣立った雀が、同じ巣に太ったフクロウになって戻ってきたようなものだ。

結局、自分の部屋を何としても確保したい私は、我が領土にガラクタを受け入れ、部屋Bを空けた。ニューヨークの摩天楼のように荷物が積み上がった我が愛しき部屋。お願いです、震度2以上の地震が来ませんように。

（2019年5月号）

ブラインド

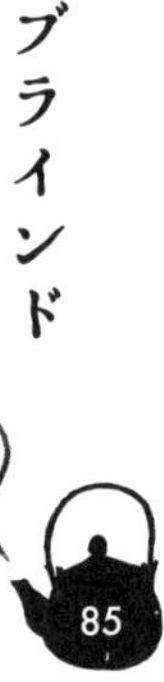

「ブラインド、いいよ」とある師匠が言う。艮（うしとら＝北東）の方角に位置する私の部屋は常に陰気だ。防カビ、採光、外から中を見えなくする方法など、部屋の悩みが、ブラインドにすることで一気に解決するのでは？

早速、女房の指導の下、苦手なパソコンで薄い黄土色のブラインドを注文する。ワクワクしながら待つこと二日、頼りない細身の段ボールに包まれたブラインド君がやって来た。馬鹿でも簡単、という触れ込みだったが、一時間かかってようやく設置。部品が四つ余ったがよしとする。防カビと採光は良さそうだ。嬉しい。

問題は、マンションの廊下を歩いている人から、部屋の中が見えるかどうかだ。

クーラー嫌いの私は、夏場窓を開けたままふんどし一つで寝転んでいることがよくある。が、

⑧
今覗いて…
もう入ってる
出ちゃった
入ってる
出ちゃった
兄ィが両方にいる……
「猫忠」より

外から丸見えなのでどうしても落ち着かない。暖簾を掛けたら風が通らず暑苦しかった。簾は電気を点けると透けてしまう。薄手色付きカーテンにしたら、風が吹く度めくれ上がって、却っていやらしくなった。
ブラインドはどうだ？ まずは神聖な儀式として「太陽にほえろ！」のボスを真似る。悲しい顔で「マカロニ…」等と呟きながら羽根の角度を調節する。外に出て覗いて見る。見えない！素晴らしい！ 部屋に戻ってふんどしになってみる。中からは外が見えるので不安になる。外からまた覗く。見えない。中に戻る。ふんどしに。不安。外から見る。見えない。ふんどし、外、中、ふんどし…。自信を持ってふんどしで寝るには、まだまだ時間がかかりそうだ。

（2019年6月号）

お小遣い

私のお小遣いは妻との交渉次第でその金額が変わる、家庭内変動制である。

千円貯金を始めた。

交渉の仕方はこうだ。

「おい、○円いるから出してくれ」等と正面から切り出せば頭から却下されるので直接妻には話しかけない。洗濯物等を畳みながら「そうだ、今日寄席の帰り皆と飲むかもなぁ。お金足りるかなぁ」と呟く。一度では無視されるので、二、三度呟く。と、妻が「いくら要るの？はっきり言って」というので、「○円」と姿勢を正して答える。妻が頷いて、その半額が私に渡される、というシステムだ。

ならば、はじめから必要な額の、倍の金額を言えばいいのに、という人がいるが、あなた

餅ん中へ
金を入れて
…金餅
かなんか
言おうっ
てのか？
南無阿弥陀仏
「黄金餅」より

は妻を知らなすぎる。本能で私の嘘を見抜く妻は「盛ったな」と私を睨んで「一円も渡さないぞ」という態度に出るのだ。私の妻は、正直に言っても金や銀の斧は渡さないが、嘘をついたらすぐに木の斧まで取り上げる泉の女神だと思ってくれればいい。

そこで自由にお小遣いを使う方法として、千円貯金を思い付いた。気がついた時、千円貯金する。3日に一度として、月1万円。年12万円。

年12万円⁉

素晴らしい。年12万円あれば、妻に秘密で台湾辺りに旅行できるのでは？ 半分の6万でも、妻に内緒で宮崎にマンゴー狩りに行けるだろう。その半額の3万でも、妻に黙って山梨へ葡萄を獲りに行ったり、妻の目を盗んで栃木に苺を食べに行ける筈だ。

令和を記念して5月1日から始めて、6月10日現在、貯まった千円札は12枚、台湾ペースである。

（2019年7月号）

邪悪な埃

埃って、どこから来てどこへ行くのだろう？

朝食の後に掃除をするのが日課だ。絨毯だった以前に比べ、フローリングになった今は掃除が楽になった。掃除機が嫌いな我が家では、箒を使って丁寧に掃き掃除をする。妻に頼んで柄の長い箒を買ってもらってからは、更に楽になった。

しかし、埃ってなぜ毎日現れるのだろう？ 一生懸命埃を集め、ゴミ箱に捨てる。床も棚の上も、テレビ台もすっかりきれいになる。しばらくじっと見ているが、きれいなままだ。何時間かして見ると、まだ美しい。寝る前に見回すが、汚れた気配はない。

なのに。なのに朝見るとしっかり埃が溜まっている！ なんで！ お前たちどこにいたの!?どこから来たの!?

あれが駕籠に
乗るかたちがよ、
前掛けして
箒とちりとり持ってじゃねえか…
「蜘蛛駕籠」より

妻が言うには、布団、バッグ、着物、そして人間自身から埃は作られるらしい。だから人間が生きていれば必ず埃が出るのだ、と言う。それなら、毎日あれだけ埃が出てるのだ、代わりに妻一人くらいなくなってもいい筈じゃないか。なのに、妻はちっとも減らないで埃だけが増えるのはなぜだ！　納得がいかない。

しかも、私は、埃には邪悪な心が宿っていると思う。いつも掃除しにくい所に隠れている。自然とは思えない。更に、一度掃除した所に後から必ず現れる。私がいる時は隠れ、いなくなると姿を現すのだ。

「ちゃんと掃除した？　本当に？　じゃ何でこんなにここ埃があるの？　やり直し」

ほーら、また怒られた。私が妻に怒られるように、埃の邪悪な意志が働いている、そう思えてならない。

（2019年8月号）

一歩前へ

『気分が悪くなったお客様は、このボタンを押して下さい』

私は、自分の年齢のちょっとした節目を、公共のお知らせや諸注意の貼り紙、お願い等の文句に共感することで実感してきた。もっと分かりやすく言えば、若い頃気にも止めなかった言葉に、とても共感したり、いたく感動したりすることで、

「あぁ、俺もそういう歳なんだなあ」

と思うのである。

トイレに『もう一歩前へ』と書いてある。学生の頃は「どこの便所も同じことばかり書いてある。うるさいなあ」と思っていたのが、小用に勢いがなくなった辺りから「そうだよね、一歩、いや二歩前に出よう」と素直になった。

あの札をはがしていただきたいのですが……
下駄をぬぎましょう
夜中は静かに
女の子の夜歩きは危険です
「牡丹灯籠 お札はがし」より

『駆け込み乗車はおやめ下さい』「いいじゃないか本人がそれで間に合うなら。乗れないと思ったらちゃんと判断して駆け込んだりしないよ」と考えていたのが「よし、いける」と思ってドアに挟まれるようになってから、考えを改めた。

『手すりにつかまりましょう』『お忘れ物はありませんか？』『段差があります』等の文句も、「ありがとう、お陰で助かりました！」と思う事が多くなってきた。

そして、とうとう先日、トイレの個室に貼ってあった『気分の悪くなったお客様は、このボタンを押して下さい』という言葉に、何の違和感もなく心が反応していた。ちょっと前なら「へぇ、こんなところで気分悪くなる人いるんだ」と思っていたのに「自分は倒れながら上手にボタンが押せるだろうか？」と考えていた。「間違えて流すのボタン押しそうだな」。

私は今、そんな段階にいる。

（２０１９年９月号）

脱毛のポエム

89

世の中は「脱毛」と「英会話」で成り立っている。——そう思えるほど、電車の中の広告は「脱毛」と「英会話」で溢れている。私は「脱毛」の広告が大好きだ。女性相手だからだろう、ポエム的なものがたくさんあって、読んでいて楽しい。

『昨日より輝く私に会いに行く！』

素敵だ。脱毛とは関係なく、「俺も頑張ろう」そんな気になる。

『きれいの、その先にあるもの』

いい。品がある。上品なのに、少しいやらしい。好きだ。主に男を相手にした「育毛」の広告、『四ヶ月目に産毛が生えた！』などとは大違いだ。せめて「育毛」も『帽子をかぶるのがもったいない、そんな明日へ！』くらいのポエムが欲しい。

え?! お前さん達 生きてたの?!…
「大山詣り」より

「脱毛」はキャッチコピーだけじゃない。細かい説明文も私を釘付けにする。

『全身四十八ヶ所が十五ヶ月体験無料！』

「四十八ヶ所！　四十八ヶ所!!　切られ与三でも三十四ヶ所なのに！　大丈夫なのか！」と心配になる。さらに、『顔、ＶＩＯ含む六十二部位から好きな部位三ヶ所選べて無料！』などと書いてあると「六十二部位!?　人間の体の、しかも毛のあるところのどこをどうやって区切れば六十二部位もあるんですか!?　それ一部位の範囲すごく狭くないですか!?　っていうか、六十二部位もあるのに、三部位しか選べないって少なすぎませんか！　六十二部位中三部位だけ処理したら、かえって格好悪いですよね!?」

と、立て続けにツッコミたくなる。

「脱毛」広告、楽しい。その「脱毛」広告も、めっきり少なくなってきた。「ああ、秋も深まってきたなあ」そう思う今日この頃である。


（2019年10月号）

次女とクイズ番組

90

同居する次女は、大の「クイズ番組」ファンである。録画した番組を、週末まとめて観るのが彼女の楽しみだ。

「単衣（ひとえ）！当たった！」

仕事を終えて帰ると、居間から次女の叫び声が聞こえてきた。うるさい。次女は自分も出演者の一人のように、真剣な眼差しで、近所中に聞こえる声で解答を叫ぶ。

その隣では、妻がチャイナマフィアの女ボスのような笑みを浮かべてお茶を飲んでいる。妻はクイズに参加しない。自分が中心だから、世間に興味がない。むしろ「私を知れ」と思っている。

クイズは漢字の読み方だ。

どごさ行ぐのは誰だっけな？
誰だが当ててみろ！
「一分茶番」より

「ああ、全然分かんない。読めない！」

相変わらず次女はうるさい。叫ぶな。お前は熟考とか黙考という言葉を知らないのか。第一、「襷（たすき）」だの「袷（あわせ）」くらい咄家の娘ならスラスラ読め！

「あ、これ分かる！　かたびら！……やったあ！　当たった！」

ふん、分かってても大声か。当たっても外れても大声で騒ぐ、メリハリのない奴だ。

「これ絶対分かんない！『木履』って何!?」

声を抑えろ！　なぜ自分の無知を世間に晒す!?　父として情けないぞ。父の実力を知れ！

私は二人の背後に回り、神の如く、威厳ある声で正解を告げた。「答え、ぽっくり、だよ」。

次の瞬間、次女がテレビ画面から目を離さずに言った。

「へぇ、答えぽっくりか。この東大生何でも知ってるね」。待て！　私の解答は完全無視か!?　なぜ二人とも私の声が聞こえない!?　っていうか、まず私の帰宅に気付け！　妻と次女に言っておく。この場合「あら、お帰りなさい、お疲れ様♥」が正解だからな！

（２０１９年11月号）

外れるな！

ここぞという時、「外れる」人生って嫌だと思わないか、ラップ君。私は近頃、よく台所に立つ。男子厨房に入るべからず、などというのは遠い昔、まだ妻が素直だった頃のことだ。今や、出来る男、こそ台所で自己研鑽にはげむ時代である。
台所は、精神的にも体力的にも極小のアスレチック場と言ってよい。短時間に料理を作るため、段取りを考える脳はフル回転だ。三つ、もしくは二つのコンロを同時に使い、電子レンジにも気を配る。狭いシンクに材料や出来上がったおかずを置かなければならないから、囲碁的な空間認知能力も必要とする。茶碗・皿の大きさも把握していなければいけない。いやそもそも、どの皿がどこに入っていて、どの茶碗がどこに重ねてあるかを記憶しておく記憶力が大事だ。

入ったウチが
天ぷらや
だからな…
あ〜
最後の
最後に〜
それが
言いたかった
のに〜
「新聞記事」より

しゃがんで野菜を探し、背伸びをしてタッパーをとる。蛇口をひねるのと同時に、ふきこぼれそうになったなべの火を止めるため反復横跳びもする。

計画通りに進んでも、妻が知らぬ間にドレッシングの置き場を変えたり、娘がつまみ食いをしたり、とアクシデントも絶えない。それを嘆いたり叱ったりせず、すぐ対応する臨機応変な態度も大切だ。

「よし、これで仕上げだ！」という時に、ねェラップ君、君はなぜ外れる？　気持ちよくかけたいのになぜ棒ごと箱から飛び出すの？　私が元に戻していると「あ、それね、横押すと飛び出し防止になるんだよ、知らなかったの？　フフ、段取り以前の問題ね」と妻が言う。口惜しい。ラップを作っている方にお願いです。飛び出すか飛び出さないかを僕に委ねないで下さい。始めから外れないように作れ！

（２０１９年12月号）

2020

祝・五十歳

92

お正月は、妻がやさしくなる時期である。元日はバタバタするのでそれ程機嫌は良くない。二日は年賀状の整理に追われるので不機嫌だ。三日はおもちに飽きてゲンナリしている。なので、正月三が日は「妻がやさしくなるデー」から除く。四日五日は、三が日以上に私が酔って帰宅することが多いのでこれも除外しよう。六日は、すっかり整理し終わったと思ったところへ、遅れて年賀状が届いたりするから「何!? 今頃! ホントにもう！」と怒っている。七日は、「あれ? 今日七草だよ、七草がゆ作らないの?」などと私が不用意に発言するものだから「七草がゆ? 七草がゆって言うけどちゃんと七草言えるの?」「言えるよ、セリ、ナズナ、ゴギョウ、ハコベラ、ホトケノザ、スズナ、スズシロ春の七草、ほら。」「知ってんなら自分で作ったらいいじゃない」となるので、これも外そう。

「御慶」より
御慶!!
永日!!
ずいぶんご機嫌だね…

十一日は私の誕生日だ。「何歳になるんだっけ？」「今年五十歳だよ、半世紀、びっくりだね！」「驚いたり喜んだりしてる場合じゃないのよ、夏目漱石は四十九歳で亡くなってるのよ、なのにあれだけの立派な仕事してるの。織田信長だって四十八歳で亡くなる前に天下統一してるじゃない。アレキサンダー大王なんか三十三歳で大帝国築いてるのよ、しっかりしなきゃ」「でもチンギス・ハーンは六十五歳で……」「チンギス・ハーンはどうでもいいの、とにかくギアあげてって」などという会話になるからこの日もダメだ。十二日以降は世間も落ち着いて正月気分もなくなるから、妻の機嫌も通常の険しいものになる。

従って「妻がやさしくなるデー」は正月八日から十日までの三日間ということになる。ダンゴウオの求愛の時期より短い。悲しい。

（2020年1月号）

ああ、座席が…

電車の、降車用扉からではなく、乗車用扉から降りる人がゆるせない。よく、始発駅などで、わざわざ降りるホームと乗るホームを分けているのに、降りる奴が乗る方の扉から出て来るのが、腹立たしい。特に、池袋の西武線がいけない。池袋、が悪いのか、西武線がそうさせるのか。池袋＋西武線が人をそんな気持ちにさせるのかも知れない。

私がホームで、次に入ってくる電車を待っている。目的地はたいして遠くはないが、仕事前だ、なろうことなら座って行きたい。乗車側に二列で皆静かに立っている。幸い、私は一番前だ。どうやっても座れるポジションである。しかし、油断は禁物だ。私の好きな三人掛けのシートの端奥は二座席しかない。時々風のような速さで車内を駆け抜けるおばさまに奪われることがある。私の後ろに目端の利きそうなおばさまが五人程いる。せめて七人掛けでも

天の方
だと
本物が
転がって
くる
かも……
場所取り班
「長屋の花見」より

いい、端の席は死守しよう。

電車が来た。少し緊張する。降車用扉が開いて、乗客がゾロゾロ降りる。やや間があって乗車口が開く、「しまった、三人掛けはシルバーシートか」少し迷って七人掛けの方に体を向けると「すみません」と大男がこちら側から降りようとしやがる！　私の進路はその男に阻止された。あっと思った時には〝くノ一〟のような素早い動きを見せたおばさま達が、私と大男の横を通り抜け次々と端の席に座っているではないか！　大男から逃れて七人掛けの真ん中の席へ行こうとすると、今度は若いイヤホンをした女が「降りまーす」と私の方へ向かってくる。「バカ女！　お前は反対側から降りろ！」そう胸の中で叫んだ時には、すでに座席は全て埋まっていた。——私は、乗り口から降りる奴らが、大嫌いである。

（2020年2月号）

妻の魅力

94

妻がこの世の終わりのような顔で落ち込んでいる。世の中が新型肺炎で騒ぎ始めた時も、としまえんが閉園すると聞いた時も、娘が寝坊して仕事場に遅刻しそうだと叫んだ時も、眉一つ動かさなかった妻が、ひどく落ち込んでいる。心配だ。野生のライオンにエサをあげる時のような慎重さで直接妻に聞いてみた。「どうしたの？」「それがね…」と妻が言うには、テレビのBS放送の中の「ディーライフ」という放送枠が、3月いっぱいで放送をやめるのだという。

確かに、これは妻を落ち込ませるには充分だ。一日のほとんどの情報とドキドキと感動を「ディーライフ」に頼っていると言ってもいい。『CSI・科学捜査班』を観て「私は殺人の証拠を残さない自信あるけどなあ」と呟き、女性弁護士が主人公の『グッド・ワイフ』を観

花筏の
代わりに
提灯屋
提灯屋
欠場
「花筏」より
兼好

ては「全然いい妻じゃないじゃん！　私の方がよっぽどグッド・ワイフよね!?」と答えにくい質問を私に投げかけ、自閉症の若い医者が活躍する『グッド・ドクター』に「この子、ちょっと性格的に私に似てるのよね」と涙を流していた妻。「ここまで色んなドラマを観せておいて、急に放送終了ってってひどくない?」すでに、切り替えの早い妻は落ち込みを通り過ぎて怒りの域に入っている。妻の性格からして、お金を払って観続けることはしないだろう。どうする？「仕方がない」と妻が顔をあげる。何か決心したようだ。「よし、CSI・科学捜査班の代わりに沢口靖子の番組、グッド・ワイフの代打で市原悦子のドラマ、グッド・ドクターの代演で松平健の時代劇を観よう」さわやかにそう宣言してテレビを観はじめた。海外ドラマを時代劇に切り替えられる神経、これが妻の魅力である。

（2020年3月号）

カタログ

95

結婚式の引出物に「カタログ」が付くようになったのはいつ頃からだろうか？「お客様全員に合う品物ってなかなかないのよね、年寄りもいれば子供もいるし、男と女じゃ好みも違うし、そういえば男の人って何でポケットが沢山付いてる服とか色んな機能が付いてるナイフとか好きなのかしら、バカみたい、せっかくいい物考えても『重くて持って帰れねぇよ』なんて生意気なこと言う人もいるし、小さいと『たったこれだけ？』なんて文句言う人もいるし、じゃあ自分で選べよって話よね」…という声に応えて生まれた習慣なのだろう。

しかし、自分で選んだにもかかわらず、満足な品物が手に入らないのがこのカタログ制の面白いところだ。勿論、冒険しなければ、それなりのものは送られてくる。肉、アイス、ラーメン、身体に良いジュース等だ。でもそんなものをカタログで選ぶのは牛丼専門店で牛丼を

へえてい〜
出来ます
ものは けんちん
おしたし
鱈昆布
鮟鱇のような
もの 鰤に
お芋に
酢蛸でございます
…へええ…〜
口
けんちん
お浸
鱈昆布
鮟鱇
鰤
お芋
酢蛸
おいしいよ!!
おっそろしく
早えな…
「居酒屋」より

注文するようなものだ。うまく選べた喜びも失敗した時の悔しさもない。

カタログで選ぶのなら、服か、食器か、台所道具、色んな機能が付いてるナイフがいい。服はサイズが合わなくてドキドキするし、食器や台所道具は、写真で見ると大きいのに実際こんな小さいんかい！とか、え？もう壊れたの？という驚きがあっていい。万能ナイフに至ってはあらゆる機能が付いていて全て使いづらいということがよくあって面白い。

そんな楽しみを心得ている妻が注文したのは「鉄のフライパン」だ。後日我が家に届いた「鉄のフライパン」を妻が腕組みをして見下ろしている。「思っていたより二回り小さいわね。左右に窪みがあって蓋も出来ない。卵二つ焼くのがいっぱいいっぱいね。片手で振り回すには丁度いいけど…」

カタログに危険な物は載せないで下さい。


（2020年4月号）

コロナ休禍

コロナ禍の中で、分かったことがある。人間「あぁ、これやらなきゃいけないのに、時間がなくて出来なーい」と言っていたことは「時間があっても出来なーい」ということである。

ご多分に洩れず、ほぼ失業、あるいは無職という状態になって、はじめのうちは「わーい、休みだ、休みだ！」と喜んでいた（あなたの脳って小学3年生くらいで止まってるでしょう？今時の小学生はもっと危機感もってるわよ、50歳しっかりして！妻談。以下同じ）。

そのうち退屈になって「つまんなーい」を連発するようになる（気を確かに持って！炊事洗濯掃除、家事でまぎらわすのよ）。

「ねぇ、粕漬けの魚と枝豆と玉ねぎ土鍋で煮込んでるんだけど、アボカドも入れていい？」

（やめて！もう料理はいいから自分の事をやりなさい）。

遊んでて昼間から
酒のんでちゃ困るだろ？
？
いいじゃないですか
あの人暇な
体なんですから…
「厩火事」より

「双眼鏡でシジュウカラ観察してたんだけど、ベランダで体操してるおばさんの方が面白いよ」(逮捕されるよ！外はいい、自分を見つめ直せ)。

「不思議だね。俺のふんどし、仕事の時は一応緊張してるのかピシッとしてるけど、仕事ないとすごくゆるむ」(変態か！そんな報告はいいからやるべき事があるだろう！)。

「よし、ウクレレでも覚えるか」(ちがーう！すっかり忘れてるかも知れないけど、あなた落語家よ、落語をしろ！)。

「いやー、覚えなきゃいけない咄沢山あるのに、こういう状況だとなかなか覚えようって気にならないね。あーあ、もっと忙しければ出来るのに、暇過ぎて出来なーい！」

新聞を読んでいた妻が私を一瞥して呟く。

「コロナ離婚、か…」

(2020年5月号)

服がない

服がない。ちょっとした外出に、他の人が何気なく着ていく服が、私にはないことに気がついた。今まで、家にいるときは、娘の学生時代のジャージで、たまに浴衣、あるいは二ツ目時代に作って捌けなかったオリジナルTシャツの古いもので過ごしていた。外出時には、季節を問わず着物で出掛けていたので、何の迷いも不便もなかった。

ところが、急に自粛要請やら、不要不急の外出を控えましょう、という事になって、着物姿での外歩きが、何となく憚られるようになった。着物に下駄、唐草の風呂敷なんかを抱えて歩いていると、そう、いかにも不要不急なのだ。周りの人達から「あなたこのご時世に何の遊びをしてるんですか?」という視線がトビウオのように飛んでくる。電車に乗ってると「こら、絶対急ぎの用じゃねぇだろ? あ?」という、痴漢をサスマタで捕まえるような目で

羽織って
前に紐がついてるって。
そうそう
袖のないって。
それ
チャンチャンコ
ちがう
ちがう
バカだね
ブブー

睨んでくる人もいる。
これはいけない。何か目立たない洋服はないか。Tシャツ。さっきも言った自分の似顔絵が入ったもの。そんな恥ずかしいものが外で着られるだろうか？ お客様から頂いたTシャツ。やはりオリジナルで「兼好で良い夢見よう」というような文句がプリントしてある。もっと恥ずかしい。家の中で着ている娘のジャージで表に出るか。次女が「本当に変態だと思われるよ、捕まるよ」というので断念。妻の中東風ワンピースはどうだ。もっと変態だな。かといって、わざわざ買いに行くのは世間に負けたようで悲しい。第一、その洋服を買いに行く洋服がない。ネット？ 目移りして買えない気がする。あぁ、不要不急なのに不要不急に見えない、そんな服が欲しい。

（2020年6月号）

分別成功！

この達成感と喜びが皆さんに伝わるのだろうか？ 今まで出来なかったことが出来るようになる、この喜び。ずっと自粛していて、ようやくお客様の前で落語が話せるようになったことではない。自由に買い物することでも居酒屋で飲み明かすことでもない。

私に言い様のない幸せを与えてくれたのは「えごま油」のビンだ。仮に、あなたの奥さんまたは旦那さんが、ゴミの分別にとてもうるさい人だとしよう。生ゴミと燃えないゴミを分けるのは簡単だ。ビンとカンの仕分けもそれほど手間ではない。ペットボトルをゆすいでラベルを剥がすのは少し面倒だ。でも、あなたと暮らすパートナーは厳格な性格の上に、自分では一切手を汚さない、イタリアマフィアのボスのような人だとしよう。すると、我が家のように「ビンに貼ってあるラベルも取って、注ぎ口のプラスチックも外して分別するのよ、

白紙は♪
白紙
カラスは
カラス
線香紙は
線香紙
陳皮は
陳皮
毛は毛♪
「紙屑屋より」

分かった!?」という声が飛んで来る筈だ。そこで、全てのビンを水を張ったボウルに浸け、翌日綺麗にラベルを剥がす作業をすることになる。

ところが「えごま油」のビンはラベルがビニールシールに守られ、注ぎ口が特殊な構造で付いていて容易に取れない。ハサミを使っては指を切り、ペンチを用いては腕を痛めた。ラベルなんてセロテープで貼っておけ！　蓋なんて女房が指で栓すればいいんだ！　何度そう思ったことか。それがどうだろう、繰り返し挑戦するうち見えて来たのだ。ハサミでどこに切り込みを入れ、ペンチでどの角度に捻れば簡単に分解出来るのかが！　嬉しい。サラバ、えごま油。

残る敵は「そばつゆ」だけである。


（2020年7月号）

運転手の挨拶

バスが好きだ。家から最寄りの駅まで微妙な距離があるのでほぼ毎日利用している。行きは都バスを使うことが多く、帰りは深夜バスを出してくれる東武バスが私の足だ。バスは、外が見える、乗り降りが楽、乗客にネタになるような面白い人（「一日乗車券」と言おうとして「一日乗車拒否！」と叫ぶ人、自分が降りるところ以外でボタンを押して悔しがってる人、「あーあ、違うバス乗っちゃった！」って何故か喜んでる人等）がいる、といった沢山の魅力があるが、なんと言っても、私が好きなのが、同じバス同士ですれ違う時の運転手の挨拶だ。すれ違い様片方が手を挙げる、と、相手がニヤリと笑って手を挙げる。このやりとりが大好きだ。

ところが、最近そうした挨拶を見ないなあと思ったら、今の時代、事故でも起こしたら

ぬいよ〜
やいよ〜
ごもっとも
ごもっとも
なかなか
なかなか
さよう〜
ごもっとも
さよう〜

どうする⁉ という苦情が多く、挨拶をやめてるそうだ。ああ、なんと悲しい時代だろう。

バスの運転手の挨拶、良いじゃないか！ 運転手同士の仲の良さ悪さ、上下関係、借金のあるなし、そんな事を挨拶の仕方で推理する楽しさをなぜなくしてしまうのか？ 違う会社のバスの運転手が挨拶した時の爽快感はもう味わえないのか！ むしろ同じ会社のバスの運転手同士が挨拶せずにすれ違ったらかえって怖くないのか！

こんな時代だからこそ、運転手同士の挨拶復活を願う今日この頃である。


（2020年8月号）

動く広告

近頃広告が動き過ぎる。特に電車の中が困る。いつの頃からか、電車の扉の上に小さなテレビのようなものが現れて、次の停車駅や出口案内の他、その日のニュースや天気予報、広告等が動画で流れるようになった。

はじめは「とうとう電車の中でテレビと同じようなものが観られるようになったか」と感慨深かった。でも、慣れてくるとこれが目障りになってくる。観たくないのについ観てしまうのだ。紙の広告なら「これさっき見たやつだ」そう思って目を逸らせばそれで済んだ。あとは本を読んだり、落語をさらったり、人間観察して有意義に過ごせた。なのに、動く画面は何度も観てしまう。「さっき観たし脱毛に興味ないよ」そう思ってもつい目が画面を追ってしまう。

あら、
芳さん手紙を忘れて
いったよ……
こういうのって
見たくなる
のよねぇ……

本を読もう。図書館から借りてきて、もうすぐ返却日だ。司馬遼太郎の幕末の世界に浸ろう。そう決心して本を開くのに、目の端にチラッと動く画面を感じるとどうしても観てしまう。悔しい。

「このカンチューハイの広告、何度も観た！　もういいよ！」と頭の中では叫んでいるのに、目は画面から離れない。あわてて幕末の京の都に思いを馳せるが、気がつくと何度も何度も観た「北千住の天気予報」をボーっと見てる。「知ってる！　北千住今日雨！　わかってるよ！」。本に戻る。雨の中でカンチューハイを飲んでいる土方歳三が浮かんできて、本を諦める。

先日、「今日は動く画面に負けず本を読むぞ」と固く決意して電車に乗り込むと、扉の上だけでなく、七人掛けの椅子の上に三つも動く画面があるではないか！　ダメだ、逃げられない。消費者金融から金を借りる大村益次郎が思い浮かんで、本を閉じた。

（２０２０年９月号）

お二階へご案内～

祝！連載100回突破記念

めでタイ！

兼好漫遊日記

（2020年9月号掲載のものを抜粋しました）

8月23日（日）曇り
今日鹿児島に行きました。喬太郎師匠はあの体型なのに涼しげでした。歌武蔵師匠は夕御飯の時ハイボールを麦茶みたいにガブガブ飲んでました。すごいなあ、と思いました。

8月24日（月）晴れ
愛媛の三津（みつ）というところに行きました。コロナにとても合わない名前の町だったけど、いい人ばかりでした。

8月25日（火）晴れ
松山を観光しました。どの蛇口からもポンジュースが出てくる、というのはウソでした。楽しかったです。

8月26日（水）晴れ
大きなゴミを捨てようとして、腰痛になりました。一日ハイハイしてました。

8月27日（木）晴れ
一之輔くんの弟子に稽古つけた。一之輔くんの弟子なのに、乱暴じゃないいい子でした。

8月28日（金）晴れ
お客様から「ドラえもん腹巻き」をもらった。自転車も買った。ドラえもんの声色で「新しい自転車～」と叫びました。

8月29日（土）晴れ
名古屋の駅の喫茶店で橘家円十郎兄さんに会いました。僕の弟子にお小遣いをくれました。思ったよりいい兄さんでした。兄さんありがとう。

8月30日（日）晴れ
妻と娘たちの「お祝いメッセージ」を読んだ。妻選びと子育てをやり直したいと思いました。

しみるぜ…

2012年6月号からスタートした「お二階へご案内～」が本年9月号で連載100回を迎えました。連載内容は師匠の身の回りの出来事が多く、今回はそんな連載を支える日常のできごとを一週間分記していただきました。

連載を支える主要関係者の皆様より直々にお祝いメッセージを頂戴しました！

何を書こうか悩んでいると、夫が私に提案したコメントは「もう書くな」だ。うん、それいいね。ただ付け加えることがある。書かれた内容の3倍～10倍くらいの勢いでこれからも元気に生きていきますのでよろしく。（妻）

コメントの機会をいただきましたが、母や次女が80字でどのような弁明をするか楽しみです。私はもうネタにされないよう帰省の際はひたすら寝て過ごすようにしています。100回を記念してということですが、ひとつこの場をお借りして。自分の高校ジャージを着た父親の等身大パネルを見た時は、東京かわら版さんそれでいいのかと驚きました。そんな私にもひとつだけ懺悔することがあります。家族の話になったとき、ネタに困ると「お二階～」から拝借して話します。合コンでのウケは抜群です。特に人気なのは次女のお皿の話です。（長女）

祝・100回記念。この機会に好きなことを言っていいと聞いた。「お二階～」を読み皆様が想像するであろう次女より、本物はもっとおしとやかで慎ましい女性です。この点留意して（？）今後もお楽しみください。（次女）

ご長女から送られた連載100回突破のお祝いイラスト

恥ずかしくない暮らし

自宅マンションの大規模修繕が始まったので、稽古をしていない。今回はガス管や水道管の点検は勿論、小さなひび割れも念入りに修理する。全階段に錆止めを施し、七階建て約五十世帯全ての外壁を塗り直す。泥棒よけ窓格子の総取り替えもするので、文字通り大規模な修繕になる。「だから網戸と物干し竿外して部屋に仕舞って。ベランダに何も残さない。すのこは古いからゴミ集積所、掃除道具と植木鉢は物置、植木鉢の土はそっと前の公園に！」

妻の的確な指示が飛ぶ。

「それから」と妻の顔が鋭くなる。マンドリルが牙を剝いた時と同じ表情だ。

「マンション全体に足場が出来るから、作業員に家の中を見られるわよ。カーテンは暗くなるから閉めません！ 見られても大丈夫なように気を引き締めて暮らすように」

え?! 二階に
吉原
造って
くれ
る
のて?
「二階ぞめき」
角海老

「質問であります！　具体的にどう引き締めれば良いでしょうか？」

「いい質問だ。作業員の多くが外国の方々だ。私たちの部屋を垣間見て『オー、コレガニホンジンノフツウノセイカツネ』と言われて恥ずかしくない暮らしをせよ」

「恥ずかしくない暮らし？」

「まずあまり着物でウロウロしない。日本人全体が家の中では着物の暮らしをしていると誤解される。ましてや、ふんどし姿などもってのほかだ。ソファーに正座、これも禁止。ソファーの座り方を知らないと思われる。それと、日本人は首を振りながら独りで怒ったり笑ったりする変な習慣があると思われるので落語を喋ってる姿を極力見られないように！　以上！」

「了解しました！」

これが近頃私が稽古をしない理由である。


（2020年10月号）

理想の枕

枕の高さが決まらない。枕は寝る時に使うあの枕で、滑ったりまとまらなかったりする咄の枕ではない。50歳を過ぎて、着実におじいちゃん化が進む私は、夜ぐっすり寝て朝スッキリ起きるという今まで当たり前に出来た事が出来なくなってきている。特に弱ってきているのが、喉元だ。寝ているとよく誤嚥する。喉が詰まってゲホゲホするのだ。布団が海と化けるあの恐怖。これを防ぐ方法はないのか。

色々考えて枕を高くすることにした。浅い海で横になっていると顔を水が覆うが、立ち上がれば大丈夫、という素人了見だ。ところがどうだろう。この素人了見がピタリとあたり、誤嚥をしなくなったのだ。素晴らしい！　しかしひとつ別の問題が起きた。枕を高くすると翌朝首がとても痛い、まるで13時間スマホを見続けたみたいに痛いのだ。これではいけない。

宝船の
絵枕の
下にしいて
寝ると
いい夢
見るてェからねェ……
エーお宝〜
エ、お宝〜

せっかく溺れず済んだのに帰りの車でむち打ち症になるようなものだ。今私に必要なのは、高く、しかし高すぎない枕だ。ここから私の試行錯誤が始まる。普通の枕にバスタオル3枚重ねて、大きめの枕カバーで包んでみる。

翌朝ずっと女房に謝り続けたみたいに首がだるい。バスタオルを1枚にする。これなら痛くなさそうだ。が、夜中ゲホゲホして起き上がる。2枚、だな。2枚だと肺は心配ないが、ほんの少し首から肩が張るようだ。バスタオル1枚プラス手拭いで微調整する。手拭いを半分に畳んで3枚重ねる。ここで余計な事が気になる。誰の手拭いを使うか、だ。あまり偉い師匠の手拭いを枕にするのは畏れ多い。かといって酒ばかり飲んでる後輩の手拭いは縁起が悪い。この兄(アニ)さんは芸は良いが根が変人だから悪い夢を見そうだ…。ああ手拭いが決まらない。今夜もぐっすり眠れそうにない。

（2020年11月号）

究極のポテトサラダ

「究極のポテトサラダ」プロジェクトを立ち上げた。ただのポテトサラダではない。究極のポテトサラダ、だ。すなわち、妻や娘にも合う味で私好み、簡単で安く出来るものでなければいけない。

「そんなの誰でも作れるよ」という人は妻と娘の味覚を知らなすぎる。娘は比較的私と同じ好みと味覚だが、見た目の色合いにうるさいくせにニンジンが嫌いときている。オレンジ色が使えない。妻は何度も言うが「ひとつ皿の会会長」だ。つまり全ての料理をひとつの皿で食べるという、例えば、味噌汁に鯖の西京漬けをのせて、えごま油をかけて梅干しをのせて食べる。この人の「味覚がない」とも言える味覚に合わせなければならない。至難のわざだ。

二人に聞き取り調査をしたところ、ニンジンの他に玉ねぎも入れるな、マヨネーズも入れ

あいつ
ずっと
何を
作って
るんだろう
て、
グツグツ
グツグツ
「藁人形」より

すぎないでと言う。「リンゴなんか入れたら只じゃおかないよ」とも言う。確かに、ニンジン玉ねぎはともかくリンゴは許せない！ その気持ちは分かる。では、ニンジン玉ねぎリンゴを入れずに何を入れるか。いいものを作るには沢山の人の意見を聞いた方が良い。仕事で会う人達に「あなたはポテトサラダに何を入れてますか？」と聞いてまわった。これはと思うものを合わせて試作品を作る。

第一号は「旨いが明太子が贅沢」ということで却下。その後試作を重ねて出来たのが、じゃがいも4にサツマイモ1、茹で玉子、枝豆、チーズ、ゴマ、黒胡椒、マヨネーズ、だ。娘には合格をもらったが、妻の評価は「まああだけどあと一歩ね」。

あと一歩。そのまま食べて美味しく、味噌汁にのせても旨いポテトサラダにしなければ。試行錯誤はまだまだ続く。

（2020年12月号）

104 モー、楽しみで仕方ない

明けましておめでとう。

新しい一年が始まると、やはりワクワクする。特に今年は例年になく楽しい一年になる予感がする。去年は不意に「コロナ感染」の世界に放り出されたので戸惑いもあった。ちょうど、フランス料理の店に行って、フルコースを思いきって頼んだら、オードブルとスープとデザートは出てきたけど魚と肉が出てこない。にも拘わらず、文句も言えず10％引きで支払いを済ませてしまった、というような気分だった。

しかし今年は違う。もうすでに準備は出来ている。魚と肉が出てこない事があり得ると知っている。だから、「フルコースを頼まない」「魚と肉を自宅で食べていく」「魚と肉を店に持っていく」「断固として支払いをしない」「そもそも店に行かない」など事前に対処出来る。

お玉ちゃん…
へへへ…
楽しみ
やなあ…
「お玉牛より」

具体的に言えば、去年は①急に仕事がキャンセルになってボンヤリした②お客さんが半分になって淋しくなった③妻と過ごす時間が増えて怒られる事が多くなった、など突然の変化に対応出来なかったが、もう上手く処理出来る気がする。

①「全ての仕事は無くなるものです。突然全ての命が儚くなるように」という悟りを開いた高僧の了見で過ごす。「さすれば、10件20件無くなったとて驚きはせぬわ！」

②「いつでも笑わないお客さんは半分位いる。その笑わないお客さんだけが来ない」と思う。

③「妻ではない。彼女は大女優なのだ。そして私はマネージャー。私が怒られる分だけ、彼女は舞台で輝くのよ！」という気持ちで頑張る。

既に心の準備は出来ている。名高き高僧として、都合のいい楽観主義者として、そして大女優のマネージャーとして生きる、そんな一年が始まる。

（2021年1月号）

どうもやる気が出ない。そんな毎日を送ってませんか？　そういう方にオススメなのが、近頃我が家で流行っている「宇宙戦艦ヤマト」である。

ご案内の通り、宇宙戦艦ヤマトのオープニングテーマの曲はあらゆる人間にやる気を起こさせるものである。今でもその人気は衰えず、多くの学校や団体で、チームを鼓舞する曲として使われている。我が家のリーダー（念のため、妻）もこの歌で動きの鈍い家族に「即行動」を促す。

例えば、食後の洗い物は私の担当だ。しかし冬場は水が冷たくて「よし、洗おう」という気にならない。いつまでもぼんやり食卓の前に座っている。と、リーダーがやおらパソコンを開いて宇宙戦艦ヤマトを検索、かなり大きな音量で曲をかけるのだ。出陣ラッパのような

かならず
ここに帰って
きますんで
女房を
よろしく…
まかしておけ
「小間物屋政談」より

激しい出だし、行進を促す太鼓、そして将軍の威厳を持ったささきいさおさんの歌声！　ほら不思議、私の身体は台所へと突進し、自然と皿洗いをしているではないか！　次女がぐずぐずといつまでも風呂に入らない。リーダーが大音量で宇宙戦艦ヤマトをかける。「ささきさん、うまいよねぇ。この低音が堪らない！」あっという間に次女が風呂場に消えていく。恐るべし、ヤマト。

落ち着いた頃に、海上自衛隊バージョンを聞く。高音の女性コーラスから始まり力強い男性ボーカル、そして海上自衛隊ならではの「戦艦」に思いのこもった演奏。素晴らしい。やる気がさらに高まる。

最後は幻の3、4番を含めたささきいさおさんのフルバージョン。長い。繰り返される、さらば、地球よ！　演奏が終わると同時に家族で叫ぶのだ「早く旅立て！」。

やる気の出ない皆さんにオススメである。

（2021年2月号）

喜寿の母

母が元気だ。会津若松に独りで暮らしている。確か中年生まれだから、今年喜寿になる筈だ。近頃こんなご時世でまるで会えていないので心配していたが、愉快に過ごしているらしい。一昨年までは月に一度は会津若松で仕事があったので、その度に実家に泊まっていたが今はたまにメールのやり取りをする程度だ。

そのメールからの情報によると、独りで風呂に入るのは危ないから、健康ランドのようなところや日帰り温泉に通っていたらしい。それが今では「フィットネスクラブに通ってます」と言う。サウナに入って「体脂肪減っていい感じ」で、サウナや風呂ばかりじゃなく「身体も鍛えちゃってます」。喜寿って何を鍛えるのだろう、何だか怖い。食事も万全だ。自炊が基本で、好物は「やっぱり、肉ね」と不敵に笑う。好き嫌いもなく、野菜も酢漬けにして競

拙者は
名を地武太
治部之助…は
兄の名でござる…
治部之丞…は弟で
ござる…はる…は母…
地武太たま…は猫…
あ、地武太治部右衛門
と申す…
粗忽の使者より

走馬のようにバクバク食べる。多少傷んだものも「たぶん、大丈夫」と決して無駄にしない。多少の物忘れは年相応のもので、私の名前を呼ぶ時必ず何年か前に亡くなった飼い猫の名を呼ぶくらいなものだ。

「ただね、ひとつだけ悩みがあるのよ」と言う。「朝、くしゃみが止まらなくなるのよね」。母によると、朝起きて顔を洗う、朝食の支度をして、朝の連ドラを観ている時は何でもないらしい。それが少し身だしなみを整えようと鏡を見ると「ベクション！」と出る。鏡を覗き込んで髪に櫛を通すと「ベクション！」、化粧水をつけては「ベクション！」もう止まらない。色々調べたが、食べ物や化粧水のアレルゲンはない。「だからね、私、自分の顔アレルギーじゃないかって思うのよね！ がははは！ じゃ、にゃん太も元気でね！」母はとても元気である。

（２０２１年３月号）

妻の鼻歌

妻の鼻歌が、怖い。以前、私が歌を唄うと、その歌詞が余りにいい加減なので、正しい歌詞を記憶している妻が怒り狂う、ということは書いた。例えば先日も森田公一とトップギャランの『青春時代』を「♪卒業までの半年に〜」と唄ったら、「半年で！」と鬼のような形相で直された。だから気軽に歌が唄えない。但し、妻はミュージカル風にその場でおきた事を即興で歌にすることには寛容だ。

「♪洗い物がなかなか終わらないの〜」とか「♪私の煎餅を勝手に、勝手に食べないで〜」等と私が唄うと「その歌はいいね」とか「それはパンチが足りない」と冷静に批評してくる。そうして『ハッサク贅沢』『デバ、ハダカデバネズミ』等という家庭内ヒット曲も生まれた（近くNHK『みんなのうた』あたりで発表したいと思っている）。

何墓の前で
鼻声唄っとる♪
だよっ！
「お見立て」より
兼好

そんな私に感化されてか、近頃妻も即興曲を鼻歌で唄うのだが、聞いていると怖い。何故か妻がインスピレーションを感じるのは悲惨な事件事故のニュース、それから私に対する不満らしい。曲調は明るいのだが、歌詞があやしい。「♪私には、力はないけど〜、接待は受けたいの〜」「♪ワクチンを打つときは年寄り〜、打ったあとは若返りたい〜」「♪早く起きないとご飯を抜くぞ〜」「♪トイレを私より先に使うなぁ、使うなぁ」。

そんな折り、テレビで老いた妻が、老いた夫をノコギリで殺害した、というニュースが流れた。妻はじっとそのニュースに見入っていたが、やがて立ち上がると踊りながら唄い始めた。「♪ノコギリで、切っちゃおうかなぁ、ノコギリで、切っちゃおうかなぁ〜」。何かに取り憑かれたように唄い、踊っている。恐ろしい。

（2021年4月号）

師匠・好楽 歌手デビュー

私の師匠、好楽が「熱燗二本～噺家一代」という歌で歌手デビューして久しい。しかし今のところ「何かのヒットチャートにおどりでた」とか、「師匠が歌番組に引っ張りだこだ」「CDの売り上げでもう一軒家を建てた」等という話を耳にしない。どうしたのだろう。発売当初は師匠は勿論、弟子一同「落語より歌の仕事が増えたらどうしようね」「2曲目、3曲目も作っておいた方がいいかしら」等と心配していたのだが。街中の何処に行っても「熱燗～」が聴かれるようになるにはどうしたらいいのか。こういう社会情勢だとなかなか難しい。「有線で流してもらって居酒屋からじわじわヒットする」「カラオケスナックを回ってCDをかけてもらう」「カラオケボックスにポスターを貼りまくる」といった常套手段が使えない。その上「握手販売」も落語会と見せかけた「集団催眠商法」も使えない。しかしここで

色事の出来る唄をひとつ…
ちょっと無理やと
「稽古屋」より

諦めてはいけない。何かいい手があるはずだ。

作戦①「朝の連ドラ作戦」朝の連ドラの主題歌に使ってもらう。それでヒットしてない歌はないのでかなり売れるはずだ。但し、朝から「熱燗二本」は爽やかさがないので「牛乳一杯」に題名を変えさせられるかもしれない。

作戦②「カップリング作戦」CDの構成が、歌、カラオケ、落語『芝浜』、で一枚になってるので、カラオケ部分もしくは落語部分にあいみょんさんの新曲を入れる。

作戦③「ウイルス撃退作戦」CDそのものにウイルス除去機能を付ける。家に一枚あれば安心だ。

考えられる「大ヒット作戦」は以上だが、実践するのは難しそうだ。やはり地道にいくしかない。好楽一門の皆さん、一生懸命売って、在庫のCDで狭くなった師匠の部屋を広くしよう！

（２０２１年５月号）

ごろん、ごろん…

109

雨がちな天気と増えがちな感染者数で、イライラが溜まる。こんな時は気分転換に部屋の模様替えに限る。と言っても、私の部屋はすでに物を置いたり移動させたり出来る状態ではない。

狭い部屋に大きな机、天井近くまで積み上げた不揃いの本棚、着物掛け、娘が「これ使わないのよね」と放り込んでいった炬燵、火鉢、ぶら下がり健康器等がパズルのように組み合わさって納まっている。一つ動かせば神の怒りに触れるが如く、部屋は混沌とした世界になるに違いない。かといって、このままではいつ本棚が倒れて下敷きにならないとも限らない。実際少し前に震度3くらいの地震が来た時、部屋全体が積木ゲームのジェンガで後半に差し掛かったように揺れていた。

ごろん
もうちょっと右……
ゴンゴン
「居候」より

気分転換と命を守るため、何か手を打たねば。居間のソファーで悩んでいると退屈そうにカタログを見ていた妻が近づいて来た。私に苦悩を与えるのも妻だが、啓示を授けるのもまた妻である。「このカタログ捨てておいて」と手渡され何気なくパラパラとめくると「収納庫付きユニット畳、フローリングで『ごろん』」というのが目に入った。これだ！　本や原稿の類いを畳の下に収納すれば、余計な本棚を処分して、今まで狭い上に怖くて出来なかった「自分の部屋で『ごろん』」が出来るのではないか！　さっそく、どれだけ現在危険な部屋なのかを訴えて妻に購入の許可を得た。

何日かして品物が届く。思ったより丈夫だ。収納も充分で本棚も処分出来た。ほら、見て。三畳ほどだけど畳の空間が出来たではありませんか。ごろん。ああなんて幸せなのだろう。ごろんとして見上げる天井に覆い被さる本棚のない安心感。今日も私は無駄に「ごろん」としている。

（2021年6月号）

キャプテン・兼好

110

水平線を昇る赤い太陽、穏やかな青い海、海原を滑るように進む白い小さな船。その船の中から、朝もやに煙る陸地を眺められたらどんなに素敵だろう。そう、私には「船舶免許を取る」という夢がある。知人友人の情報によると、太平洋横断とか、水路からの北朝鮮上陸、樺太沖での鮭密漁などを目指さなければ、「船は楽しいよ」と言う。それも、ちょっとした釣り船、客を乗せない渡し船、友達に自慢するためだけの水上バイクなどの免許は「最短2日で取れるよ」と言うではないか。「小さい海賊船は?」と聞くと「ま、海賊船と呼ぶか釣り船と呼ぶかは君の勝手だけど、海岸5海里以内の航行区域で使える2級船舶免許なら、最短2日さ」。おお! 最短2日で海岸5海里以内の海賊船の船長になれるのだ。これを目指さずして本当の男と言えるだろうか?

以前船ひっくり返したことがあるもんですから……
だからやめようって言ったのに…
ヤング・マスター
「船徳」より

目をつぶって海岸5海里以内で暴れまわる海賊になった自分を想像してみる（因みに海岸5海里がどのくらいの範囲なのかは知らない）。颯爽と走る船。紺碧の空には扇子に骸骨のマークが入った旗がはためく。どっちが前か分かりにくい帽子を被った私。肩には相棒のオウムが乗っている。別にものもらいでもないが、眼帯もしよう。船の名前は『船徳』にあやかって「ヤング・マスター号」にでもするか。我が「ヤング・マスター号」が見えると、釣り船や屋形船はもちろん、豪華客船もマグロ船だって道を譲るに違いない。何が嬉しいと言って「私船酔いするから船嫌いなのよね」という妻は当然留守番だ。たった独りで海や川にいる喜び。この喜びを得られるなら、私も船酔いしやすい性質だが、我慢しよう。「近頃兼好さんに、海の男を感じるわ」などと噂されるのが目に浮かぶようである。

（2021年7月号）

きになる木の実

♪僕はむかしむかし、リスだったのかもしれないね。こんなにもこんなにも木の実が恋しい。
…というくらい、私は木の実が好きだ。特に塩味等がついていないアーモンドとクルミが大好物である。塩気たっぷりのせんべいと一緒に食べるのも好きだし、甘いお菓子と交互に食べるのもいい。疲れた時は蜂蜜の中に泳がせる。しかしなんと言っても、そのままポリポリポリポリ頬張るのが一番幸せだ。食べても食べても飽きない。お腹がいっぱいでもう食べられない、と思っても、手が「もう少し口に入れたい」と勝手にアーモンドを口に運ぶのだ。何度「なぜ私には頬袋がないのか」と自分を恨んだことか。多分私の片足分くらいはアーモンドで出来ているし、脳はクルミの形をしているに違いない。
もっとも、私が木の実の本能に目覚めたのはそう古い話ではない。妻は何でも大量に買う。

せ、千両で!!
はい、アーモンド一粒千両ですね
みかんなら今安いですけど…
「千両みかん」より

大量に買えば何でも安くなるのよ！　というのが妻の人生哲学だ（もしかしたら妻はむかしむかしドン・キホーテの社長だったのかもしれないね）。で、4、5年前からアーモンドとクルミを大量に買いだめして食べるようになった。それを一緒にポリポリ食べているうちにリス的本能が目覚めたのだ。

そのアーモンドが、切れた。クルミもあとわずかしか残っていない。すでに両方注文してはあるが、まだ届いていないと言う。アーモンドが届く前に残りのクルミを食べ終わってしまったらどうしよう。不安だ。真冬を間近に控えて木の実の隠し場所を忘れてしまった間抜けなリスの気分だ。宅配便が来るたび玄関へ飛び出し、違うと分かって落胆する私。

そんな私を見て笑う妻よ、まさかすでに届いてるのにどこかへ隠してないか？

（2021年8月号）

長女の引っ越し

長女が引っ越しを決意した。今まで川崎方面で独り暮らしをしていて「住みやすい所なのよ」と長いこと腰を据えていた。が、この秋職場が変わるのと、部屋の更新が重なったのを機に、引っ越しすることにしたらしい。そんな長女に今回の引っ越しについてインタビューしてみた。「この度は引っ越しをなさるそうでおめでとうございます」「ありがとうございます」「引っ越し先は、どの辺りにするつもりですか？」「そうですねぇ、山手線の駅から徒歩5分以内がいいですね」「便利ですもんね。広さは？」「広さにはこだわりません。ただ、オートロックのマンションで築5年以内、3階以上の部屋がいいですね」「なるほど。他に条件は？」「いいえ、私これがなければとかそういうのないので。ま、二部屋あって、南向き、ベランダが広くて、大きな公園に面してれば贅沢は言いません」「…。」

心中になるから
手前にあの家は
貸せない、
な……
小言幸兵衛より

「あ！　でも一つだけあります」

「と、申しますと？」「犬とウーパールーパーを飼いたいのでペット可の所がいいですね」

「…。で、予算はどのくらいでお考えでしょうか？」

「それなんですよね。月5、6万に抑えたいです」

「ええ…と。先程の条件ですと、事故物件でもちょっと難しいですかね。山手線からぐっと離れて山形県に行くとか、築70年で北向き大きな墓地に面していて屋根がないとか。あるいは、犬とウーパールーパーを諦めて頂いて、犬かウーパールーパーに似た友達と暮らすか、ですかね」

「はい、宝くじに当たるのと、優しい親が援助してくれるのを夢見てもう少し探してみます」

「宝くじ、当たるといいですね。以上インタビューでした」。

長女の引っ越し先は当分決まりそうもない。


（2021年9月号）

蛸になりたい

近頃「柔軟性が足りないな」と思う。身体もそうだし、考え方もそうだ。真後ろにあるコンセントでスマホの充電が出来ない。身体が四十五度位しか捻れないのだ。立っていて、下に落ちた五百円玉が拾えない。八十二度位しか前に曲がらない。五百円玉で八十二度だから、偉い師匠にお会いしても三十三度位でしかお辞儀も出来ない。考え方も硬くなっている。「柿ピー」の袋の「切り口」と書かれた所から開けようとして開かなかった時、「違う所から開けてみる」「鋏を使う」「女房を怒らせて破壊させる」等色々方法はあるのに、指が赤く腫れるまで「切り口」にこだわったりしている。柔軟性が足りない。昔から「健全なる精神は健全な身体に宿る」という。ならば「柔軟な精神は柔軟な身体に宿る」筈だ。そこで毎日柔軟体操をしてみることにした。

ちょっとも
早う
明石ヶ
浦へ……
蛸芝居

まず、スマホで検索して見つけた「一日一回で驚くほど柔らかい身体に」をやってみた。両足を開いて腰を落とし、30秒経ったらそのままの態勢で左横を向き右片膝を地面に着けて右の足首を左手でつかんで30秒。…出来るか!! 断念。「痛くない柔軟体操」に挑戦。壁に片腕を伸ばして付き片足をあげると同時に壁伝いに片手を下に下げていく。バランスを崩し頭を壁に打って凄く痛い。断念。「70歳からのストレッチ」ならどうだ。椅子に座ったまま胸を張って万歳、10秒キープして、手を床につけ、また10秒キープ。こんなことが出来ない奴がいるのか? やってみたら床に手が届かなかった!

ああ、もっと楽な柔軟体操はないのか? 気付くと検索に固執して、スマホ片手に身体が完全に固まっている。柔軟性が足りなすぎる。

（2021年10月号）

甘酒、始めました

114

甘酒、好きになりました。「打ち上げ」をしなくなってどのくらい経つだろう？　お酒を飲む機会がめっきり減って、食べる物、飲む物がだいぶ変わった。毎日お酒を飲んでいた時は、漬物、厚揚げ、塩辛などが私の夕食だった。飲む物はもちろん、ビール（痛風になってから小グラス一杯）、ハイボール、日本酒（はじめ値段の高い酒、酔ってきてからは安酒）の順に飲んでいた。それが夜居酒屋に行かなくなって、ご飯をたくさん食べるようになると飲む物も変わった。ご飯の合間は水を飲むようになった（因みに家でお酒は飲まない。なぜなら妻に「冷たい目で見られる」「うるさいと言われる」「ちゃんと後片付けしてよと言われる」など障害が多いから。涙）。

問題は、食後から寝るまでの間何を飲むか、だ。まず定番のコーヒー、お茶、紅茶。うまい

おーい甘酒やー
へーい！ あついかァ？
へイ、豆乳と割りまして ちょうど飲みごろで！
豆乳て……
じゃあ 一杯くれ…
豆乳
七対三
あまざけ
無調整だよ！
ふむ「甘酒やさん」よ

がカフェインの入っているものは見事に夜眠れなくなるということがわかったので脱落（それでなくてもおじいちゃん化して上手に眠れない）。梅昆布茶。心までおじいちゃん化しそうなのでやめた。果汁ジュースは酒より高くつく。

悩んでいると「甘酒いいわよ」と妻が提案する。ふん、子供であるまいしアルコール抜きの甘酒が飲めるか、と思ったが、意外とうまい。が、日本酒に馴れた口には甘過ぎる。「じゃあ無調整豆乳で割ってごらん」と、妻が怪しげな薬を売る売人のような悪い笑顔で勧める。言われた通り無調整豆乳で甘酒を七対三で割ってみる。おお、素晴らしい！　身体を元気にしつつ、穏やかな眠りに誘う完璧な飲み物「甘酒の無調整豆乳割り」。妻が罠にかかった獲物を見るような目で私を見ている。でも気にしない。無調整豆乳で割った甘酒、私、好きになりました。

（２０２１年11月号）

〃斜めのお盆〃談義

議題「妻が鍋敷きにお盆を斜めに置く件」について家族で話し合った。
妻は、調味料や小鉢類の乗ったお盆を厚手の鍋敷きの上に置くが、その中央にバランスよく置かずなぜか斜めに置く。お盆の上のものを取るたび、ガタガタして気持ちが悪い。妻はなぜそんな置き方をするのか？
長女がおもむろに意見を述べる。「急いでいるので中央に置いたつもりがずれてしまうだけ。これといった理由はないと思います。自分では綺麗に置きたい、でも置けなかった、ということでしょう」という、上手くやろうとして失敗する、落語の『つる』的意見。なるほど、つーっと行って、るっとずれるのか。
次女の見立ては違う。「鍋敷きが見えてないのよ。ママって見たくないものは見えない人で

変わった阿弥陀様ですねぇ…
お前の打った釘が出てるの！
『粗忽の釘』より
兼好

しょう？　だから鍋敷きが眼中にないの。だからいつもずれるんじゃないかしら」という『心眼』的解釈。たしかに、寝ている私をよく踏んでいくが、見たくないものは見えない人なのかも知れない。

私の見方はこうだ。「きっとわざと斜めに置いているのだろう。それは台所仕事を手伝わない私たちに、鍋の一つも運べ、テーブルを拭いて茶碗を並べろ、そういうメッセージだと思う。自分もやりにくい思いをして、ああもすれば気がつくか、こうもすれば手伝うかと私たちに伝えているに違いない」という『淀五郎』的見解。感動的だ。

どれが正しいのか。本人に聞いてみた。本人の告白「え？　真ん中に置いてなかった？　本当だ。ガタガタする。誰？　これここに置いたの？」

おお！　正解はまさかの気づいていない上に、他人のせいにする『粗忽の釘』タイプだった！

これからも、ずれたお盆を直す日が続きそうである。

（２０２１年12月号）

2008年9月号より抜粋

好二郎 改メ三遊亭 兼好
眞打昇進インタビュー

今月のお客様は九月より真打昇進される好二郎改メ三遊亭兼好師匠です。党派の壁を越え、独自の高座で人気急上昇中です。年間千席の落語を観ている堀井憲一郎氏も兼好師匠の高座を絶賛しています。そこで今回はその堀井氏に聞き手をお願いしお話を伺いました。

聞き手＝堀井憲一郎　撮影＝武藤奈緒美　構成＝編集部

落語家はすごい商売

堀井（以下「―」）　入門はおいくつのときですか。落語との出会いはいつごろだったんですか。

兼好（以下「兼」）　二八歳のときです。それまでは紙屋とか広告関係とか、築地の魚河岸とか仕事を転々としてました。幼い頃は落語イコール（初代）三平師匠でしたね。ちゃんとした落語は聴いたことがなかった。生で一番最初に聴いたのは談志師匠ですね。相模大野にある焼肉屋・八起さんが落語会をやっていることを仕事で取材して記事にしたんです。

その時おかみさんに「うちは談志師匠が来るのよ」って誇らしげに言われたんですが、落語のことはまったく知らなかったので、何の感動もなく「あ、そうですか」って言ってましたね。そこで談志師匠を見たのが最初かな。

――好楽師匠に入門するまでは、どういう流れだったんですか。

兼 たまたま落語会のゲストなどで、うちの師匠・好楽の高座をやたら見たんです。八起さんに相談したら、「あの師匠は四派分け隔てないし、いい師匠だよ」と言われまして。「暮らせなくなるのが一番つらいから、お金持ってる師匠じゃなくちゃだめだよ」とも言ってましたね(笑)。調べたら偶然近くに住んでいたんです。魚河岸からの仕事の帰り、スクーターで近くを走ってたら、師匠が歩いていたんです。思わず止めて、走っていって「弟子にしてください!」と言ったら「ヘルメットをとれ!」って言われました。今思うとなんて失礼なやつ(笑)。それがちょうど十年前ですね。

――前座修業はいかがでしたか。

兼 両国寄席に毎月十日間入って、毎日師匠のところへ行ってました。うちの師匠は多忙なので、旅にずっとついてまわって。ただ、入門当時、ほかの協会から移ってきたりした人がけっこういたので、楽屋で挨拶したら、某師匠に「お下地は?」って聞かれましたね(笑)。

――最初に教わったネタは何でしたか。

兼 師匠から『八九升』です。何が面白いのか分からなかった。でも初高座で客が笑うんですよ。緊張よりも、これが本当に面白いのか! という思いのほうが強かった。落語というものが不思議で不思議で。実にふらふらした気持ちで、何となく楽そうな商売、ぐらいにしか思ってなくて入門してますから、後から落語にはまりました。

――楽そうというのは、実際入ってどうだったんですか。

兼　楽ですよ。ただ、売れようとか上手くなろうとか客集めようとか笑わせようとか、真剣になるとたいへんですね。そうしなければ、楽な商売です。周囲がなんとなーく助けてくれて、なんとなく生きていけるし。あんまり仕事してないよなーという先輩方でも、普段からお酒飲んで楽しそうにしてますからね。すごい商売だなーと思います。

――徐々に落語にはまっていったんですか。

兼　やっているうちに、見てるほど簡単なものではないな、それほど楽でもないなと思うころ、だんだん人の落語を聞くのが楽しくなってきたんですよね。自分の聴くレベルが上がっていって、すごさが分かってきたんですね。ご存命のころ、小さん師匠も志ん朝師匠も何度もご一緒させていただいているので、ものすごくもったいなかったと思って。晩年ですが、イイノホールで志ん朝師匠がトリで上がられたんです。ソデで大道具さんが「あれ？ライト（の光量）上げた？」って言うんです。上げてない。下を向いていた観客の顔が上がるんです。ぱーっと客席が白くなっていくんです。わっ、すごいな、しゃべる前から、こんな状態になるんだと思って。それからソデが楽しくなりましたね。

絵画的、音楽的

――兼好師匠の落語をいろいろ聴いている中で、やはり兼好さんは兼好さんだけの一種独特な落語なんですけど、どういうことを意識されてやっていますか。

兼　うちの師匠の言葉で、「落語は音楽的か絵画的か、大きく二つに分けられるから、どちらかは目指したほうがいいよね」というのがあります。表現できているかどうかは別として、今自分がやっているこの噺はどちらだろうか、と考えてやってはいます。

――もう少し詳しく教えて下さい。

兼　絵画的は…お客さんの頭の中に絵がすとんと浮かんでくる。噺は進行しているんです。ただ、絵画としてぱっ、ぱっと残る、お客さんが立ち止まれる落語。五代目の小さん師匠や小三治師匠のタイプですよね。音楽的というのは、お客がその音楽にノっちゃう。立ち止まらせないんです。志ん朝師匠とか小朝師匠がそうですね。

――具体的にはそれぞれどういうことですか。

兼　絵画的な場合は強烈なギャグが必要です。笑わせようとすると言葉自体に重みや面白みが必要なんです。タイミングも。音楽的は、さほど面白いことを言わなくてもいい。ワンツースリーのリズムで笑わせていけば、小さくても重なっていって、その音楽が楽しいから笑いが起きる。志ん朝師匠を聴いていて、ごく普通の言葉で笑わせることができているのは、音楽的にきちんとした何らかのリズムがあるから、お客さんははまるんだと思う。小三治師匠は、タイミングをずらしてずらして、絶対にのせない。まさかっていうときに、強烈なものをぽんと出す。とても難しいことなんですけど、あたしはどちらもできたら面白いと思ってます。

――絵画的というのは、シーンを印象づける何かをしなくてはいけないんですね。

兼　そうですね。逆にいうとほかの場面を消す何かをしなくてはいけない。たとえば無理に笑わせないとか。

――お持ちのネタは珍しいのがけっこうありますね。先日、朝日名人会できいた『提灯屋』には感動しました。感動する噺じゃないんだけど、この噺がここまで面白いのはやっぱすばらしいなあと。音楽性が高い。しかも日本人の音楽じゃなくて、イギリスのミュージシャンみたい。ある意味音の出し方が刺激的なんですよ。それでいて心地がいい。

兼　笛の先生に、ソぐらいの音でしゃべっていると耳に心地よく相手は安心する、ラになると注意はひくけど、普通の会話では不快なはず、と教わったんです。そこで出だしはラで、そのあと落として、盛り上がるところをまたラに戻すのがいいだろうなあと意識はしてますが、出来はしないです。

――ご自分の声の出し方は自然なんですか。

兼　うんと考えているのは出だしだけですね。

――お手本にされている音や調子はありますか。

兼　ないですね。最近、志ん朝師匠や八代目の文楽師匠は心地いい音、笑わせるための高さなんだなと気付いたり。小さん師匠もあんなボソボソ低い声のイメージですけど、笑わせどころは高いんですよね。いい具合にこうぽーんとくる。どのみち自分は声が高いんで、誰というのはないけど、いろいろな人から勉強してますね。

――『青菜』でも、兼好師匠は植木屋さんより旦那のほうが声が高い。普通は落とすのに、珍しい。

兼　自分はキャラクターの統一性よりも、場面場面の面白さを優先したいと気付いたんです。長い噺だとお客様が混乱しちゃいますからできませんが、短い噺の時はそのほうが面白い。

―― 兼好師匠が噺に入るときの高さは類を見ないですよね。そういうところまで意識していない人が多い気がします。

素手で戦いたい

兼 前座のころに、うちの師匠と楽太郎（六代目円楽）師匠と小朝師匠の会についていったんです。私が『子ほめ』をやったら、楽太郎師匠に「同じ受けの言葉が二回でてきた。一五分の噺の中で、こういうのはすごくもったいない」と言われ、うちの師匠からは「おまえは感情がこもってない、それが出てないから面白くない」と言われまして。小朝師匠は、「声の高さがね、ちがうんだよなぁ」って。ひとつの噺でこんなにも方々からだめ出しを受けて。面白いのは、楽太郎師匠はそういうアドバイスの通りに論理的な高座なんです。うちの師匠は言葉の選び方よりも感情を重視する落語。小朝師匠はテクニックとしての落語。それぞれの師匠の高座を反映しているんです。

―― それは面白いですね。兼好師匠にとって「上手い落語」とはどういうものですか。

兼 内容も含めて、聞いていて気持ちのいい落語。平日の夜の落語会にネクタイ締めて、すみませんすみませんって言って客席に入ってくるお客さんを見ると、きっと仕事を無理に片づけてやっと来たんだろうなあ、この人に決して不快な思いをさせたくないと思う。だからブラックユーモアも、どこまでが許される範囲か考えてしまう。八割は確実にどかんとくるとわかってても、二割は不快な思いをすると思うといけないんです。

――皆に嫌われたくないということですよね。そこを超えたいんですか。

兼　超えたうえで不快にさせなかったらかっこいいですよね。テレビだったらすぐにチャンネル変えればすむところだけど、私のチャンネルしかないですからね。嫌な思いをさせるくらいなら、爆笑しなくていいから心地のよいところにいてもらいたい。落語ってそういうものでいいと思うんです。

――今いろいろ落語会行っている中で、やっぱり兼好師匠は心地いいんですよ。ずーっと聴いていたいという気持ちになる人は他にいないんです。これから真打になってどうしていきたいですか。

兼　刺激の強い方法で勝負していくと、テレビで海水パンツ姿の芸人さんたちと勝負することになる。そこに行ってしまえば、負けると思う。落語じゃなくてもいいんじゃない、ということはやりたくない。落語のままで、今までにない違う方法で…何かないかなあ（笑）。戦場で鉄砲だナイフだと武器を選んでいるさなかに、私は素手でできないかなと思ってます。

――持っているのは扇子だけ（笑）。

兼　簡単に撃たれちゃいそう（笑）。でもそのほうがかえって今の時代は目立つのかなと思いますけど。あと、いつも謙虚さは忘れちゃいけないと思ってます。あくまで芸人、遊んで暮らしている部類ですから、どんなに売れてもラーメン屋のおやじさんよりも、格として絶対下だという意識はもっていないとだめだと思う。

誰かが聴いている

――今までにきつかった仕事とかありますか。

兼　前座のころに、敬老会に行ったら、団地の会館の戸を外して客席を作ってあって、道路をはさんで高座があった。その間を車が走るんです。しかも「笑点でおなじみの好楽さんです」って言うんです。おじいちゃんもおばあちゃんも「ちがうよねえ」って言ってた（笑）。

――そういうとき、どうされるんですか。

兼　なにもできないですね…。温泉場での仕事も、座敷の大型テレビがついていたので消したら、前の人に「今見てんだよ」って言われまして、で、またつけて、その横でやりました。テレビ見ながら「この人有名なんですってねえ」って言ったりして（笑）。ただ、驚かなくはなりました。最近思ったのは、真打というのは芸の良し悪しではなくて、あらゆる場面に遭遇しても驚かないということなのではないかと。真打は驚いちゃいけない（笑）。

――どうにかしようというお気持ちはあるんですか。

兼　はい、それはもう。立食パーティーの仕事で、誰も聴いてなくて、私はだれてしまったんですが、その場にいらした先輩の師匠は手を抜かなかったんですよ。聴いてるのはせいぜい三、四人かなという程度なのに。でもその三、四人が仕事を持ってきてくれたりするんです。それ以来、どんなところでも、一人くらいはちゃんと聴いてくれる人がいるだろうと思うようになりましたね。どんな時も手を抜いてはいけないなと。それを知るための（真打までの）十年（笑）。

緊急予告
吾輩らはもはや文豪である
「お二階へご案内」
第3弾!!
二〇二八年頃
発売予定

演芸の魅力を届けます!!

東京かわら版の本

小誌ホームページにある直販店やお近くの書店にてお求めください。小社ネットショップ（東京かわら版のお店）からも購入可能です。
☎03-6910-1890（平日10時〜18時）

月刊誌

東京かわら版

日本で唯一、月刊の寄席演芸専門の情報誌

創刊は1974（昭和49）年11月号。落語・講談・浪曲はじめ寄席演芸に関する情報が、コンパクトに詰まっています。演芸会情報は、寄席定席（鈴本演芸場・浅草演芸ホール・末広亭・池袋演芸場）のほか、東京近郊で開かれる大小の会（1000件を超える月も）をとりまぜて紹介しています。寄席演芸家のインタビュー、演芸好きな著名人のエセー、三遊亭兼好の人気連載など、演芸を多角的に楽しむコラムも充実。

■毎月28日発行　■通常定価600円（税込）
■A5変型判
※2022年11月号より電子書籍あり

■定期購読一年7200円（税込）送料無料　特別定価号も通常価格でご提供。お買い忘れもなくおススメです！

不定期刊行

東都寄席演芸家名鑑2

この一冊で「通」になる！　東京かわら版増刊号

大好評の演芸家名鑑の最新版！　関東の落語家・講談師・浪曲師・寄席色物のプロフィール843組を掲載したオールカラーの名鑑。芸名索引や所属団体ごとに色分けされたインデックスで調べるのも便利。月刊号と同サイズで約200gと持ち運びも便利。ページを捲るたびに寄席演芸界の〝いま〟がわかります。

■最新刊　2023年8月刊　■定価2000円（税込）
■A5変型判　※電子書籍あり

※東京かわら版新書
①『僕らは寄席で「お言葉」を見つけた』
③『鯉のぼりの御利益』
⑤『お二階へご案内〜』
『成金本』は完売しています。

単行本

エンタメプロデューサーが人気落語会を育てた奮闘記
まあくまさこ著
『お持ち帰り、新感覚落語 YEBISU亭 〜満員御礼20年の舞台裏を特盛で!!〜』
兼好が描くカラーイラストやエピソードも掲載
■定価1500円（税込）

電子書籍

ソニー電子書籍ストア
「Reader Store」にてお求めください
■『東西寄席演芸家名鑑2』（21年8月刊）
■東京かわら版新書⑤⑦『お二階へご案内〜』シリーズ
続々リリース予定！

QRコードを読み込み
「東京かわら版」を検索！

※2023年10月現在の情報です

著者略歴

三遊亭兼好　さんゆうてい・けんこう

1970年1月11日生まれ、福島県会津若松市出身。92年、二松学舎大学文学部国文学科卒業。紙卸問屋、タウン誌記者、魚河岸で軽子（かるこ…魚を運ぶ人）を経て98年8月、三遊亭好楽に入門し「好作」。98年10月、前座。2002年3月、二ツ目昇進「好二郎」。08年9月、真打昇進「兼好」。04年2月、第1回車力寄席グランドチャンピオン大会落語部門賞受賞。06年、07年、「にっかん飛切落語会」若手落語家表彰努力賞受賞。07年12月、「にっかん飛切落語会」奨励賞受賞。08年、林家彦六賞受賞、10年、国立演芸場花形演芸会銀賞、11年、12年、金賞連続受賞。14年、彩の国落語大賞受賞。

東京かわら版新書7
お二階へご案内～虎の巻、再考！
事実は小説より〝悲〟なり

著者　三遊亭兼好
2023年10月29日　初版発行

発行人　井上健司
編集　岸川明広
編集協力　佐藤友美　田中愛子　織田和也
装丁　手塚みゆき
撮影　武藤奈緒美

発行所　有限会社東京かわら版
住所　〒104-0052　東京都中央区月島3-14-5
電話　03（6910）1890
FAX　03（6910）1891
WEB　https://www.tokyo-kawaraban.net
印刷・製本　シナノ印刷株式会社